Wirtschaftsfachwirte:

Präsentation und Fachgespräch

Zusammensetzung der Prüfungsausschüsse, Themenbeispiele, Lösungshinweise, Medieneinsatz, Ablauf der Prüfungsgespräche

Prüfungswissen aus den Bereichen:
Führung und Zusammenarbeit
Betriebliches Management
Unternehmensführung

D1689802

Aschaffenburg, Okt. 2012 – 1. Auflage

ISBN 978-3-9815438-1-0

Bibliografische Information der Deutschen Nationalbibliothek:
Die Deutsche Nationalbibliothek verzeichnet diese Publikation in der Deutschen Nationalbibliografie; detaillierte bibliografische Daten sind im Internet über http://dnb.dnb.de abrufbar.

© 2012 Fachwirteverlag, Reinhard Fresow

Umschlaggestaltung: Simone Meckel

Herstellung und Vertrieb: BoD – Books on Demand

Inhaltsverzeichnis

Teil A - Die Prüfung ....
   1. Der Prüfer, das unbekannte Wesen 9
   2. Der formale Ablauf 11
   3. Präsentation: Themen und Inhalt 14
      3.1 Themen laut Prüfungsordnung 14
      3.2 Themen in Wirklichkeit 15
      3.3 Vorgehen bei einem Problem-Thema 16
   4. Präsentation – Vortrag – Fachgespräch 19
      4.1 Aufbau der Präsentation 19
      4.2 Medieneinsatz 20
      4.3 Der Vortrag 22
      4.4 Prüfungsgespräch 25
   5. Bisherige Themenstellungen 28
   6. Übungsthemen 31
      6.1 Führungsstil 32
      6.2 Interne Stellenbesetzung 33
      6.3 Beurteilungsgespräch und -fehler 34
      6. 4 Bedürfnisse und Motivationen 35
      6.5 Change Management; Widerstände 36
      6.6 Projekt: Phasen und Rollen 37
      6.7 Ausbildung 38
      6.8 Potentialanalyse 39
      6.10 Führungskompetenzen und Führungsstile ... 41
      6.11 Moderation und Konfliktarten 42
      6.12 Kreativitätstechniken 43
   7.0 Anlage: Muster Infoblatt 44
Teil B - Unternehmensführung ....
   1 Betriebsorganisation 45
      1.1 Unternehmensleitbild 45
      1.2 Planung: strategisch und operativ 48
      1.3 Aufbauorganisation 56

1.4 Ablauforganisation 61
1.5 Analysemethoden 62
2 Personalführung 65
   2.1 Unternehmensziele und Personalpolitik 65
   2.2 Führungsarten 67
   2.3 Führungsstile 69
   2.4 Führen von Gruppen 71
   2.5 Personalplanung 75
   2.6 Personalbeschaffung (Personalmarketing) 77
   2.7 Personalanpassungsmaßnahmen 79
   2.8 Entgeltformen 80
3 Personalentwicklung 81
   3.1 Arten der Personalentwicklung 81
   3.2 Personalbeurteilung 83

Teil C - Betriebliches Management ....
1 Betriebliche Planungsprozesse 85
   1.1 Zielsystem 86
   1.2 Zielsystem und Planungsprozess 89
   1.3 Strategische und operative Planung 90
   1.4 Betriebsstatistik 94
2 Organisations- und Personalentwicklung 96
   2.1 Auswirkungen betriebl. Planungsprozesse 96
   2.2 Organisationsentwicklung: Ziele und Konzepte; Change-Management 97
   2.3 Personalentwicklung: Ziele; Instrumente; Einsatzfelder 98
3 Informationstechnologie und Wissensmanagement ... 103
   3.1 Wissensmanagement 103
   3.2 Informationstechnologie 105
4 Managementtechniken 106
   4.1 Zeit- und Selbstmanagement 106
   4.2 Kreativitäts- und Entscheidungstechniken: 107
   4.3 Projektmanagement 112
   4.4 Gesprächs- und Kooperationstechniken: 114

Teil D - Führung und Zusammenarbeit ....
1. Zusammenarbeit, Kommunikation und Kooperation .. 119
   1.1 Persönlichkeit und berufliche Entwicklung............ 119
   1.2 Sozialverhalten 119
   1.3 Aspekte bestimmter Personengruppen................ 119
   1.4 Zielorientiertes Führen: Stile; Methoden 120
   1.5 Grundsätze der Zusammenarbeit............................ 123
2 Mitarbeitergespräche 124
   2.1 Anerkennungs- und Kritikgespräch........................ 125
   2.2 Beurteilungsgespräch: Beurteilungskriterien;
   Gesprächsablauf; Beurteilungsfehler 126
3. Konfliktmanagement 129
   3.1 Konflikte: Ursachen und Abhilfe 129
   3.2 Vermeidung von Konflikten 129
   3.3 Umgang mit Konflikten 130
   3.4 Überwindung von Widerständen gegen
   Veränderungen... 130
4. Mitarbeiterförderung 132
   4.1 Personalentwicklung 132
   4.2 Potentialanalyse 133
   4.3 Personaleinschätzung 133
5. Ausbildung 134
   5.1 Rechtliche Rahmenbedingungen............................ 134
   5.2 Ausbilder-Eignungsverordnung 135
   5.3 Anforderungen an Ausbilder 135
   5.4 Beteiligte und Mitwirkende an der Ausbildung..... 136
   5.5 Individuelle Bildungsmaßnahmen.......................... 136
   5.6 Prüfungsdurchführung 136
   5.7 Ausstattung der Arbeitsumgebung........................ 136
   5.8 Unterweisung 137
   5.9 Außer- und überbetriebliche Ausbildung 138
   5.10 Maßnahmen der Personalentwicklung 138
6. Moderation von Projektgruppen 139
   6.1 Arbeitsgruppen, Teams und Projektgruppen......... 139

6.2 Moderieren: geteilte Moderation; Vorbereitung;
Kreativitätstechniken; Nachbereitung 141
6.3 Steuern von Arbeits- und Projektgruppen 142
6.4 Projektabschluss 142
7 Präsentationstechniken 143
Anlagen ....
Prüfungsordnung für Wirtschaftsfachwirte: 145
Hilfsmittelliste 2013 146
e-books für Wirtschaftsfachwirte im Fachwirteverlag: 147
Stichwortverzeichnis ....

Vorbemerkung

Dieses Buch behandelt Präsentation und Fachgespräch als abschließenden Prüfungsteil für Wirtschaftsfachwirte. Dabei informiert es in Teil A über den formalen Ablauf, gibt in der Praxis erprobte Hinweise zu Medieneinsatz und Gestaltung der Präsentation und nennt eine große Zahl häufig gestellter Themen. Die in diesem Prüfungsteil erworbene Punktzahl hat für die Gesamtnote das gleiche Gewicht wie die komplette schriftliche Prüfung des handlungsspezifischen Teils über acht Stunden! Gemessen an dieser Bedeutung kommt die Vorbereitung in den Kursen durchweg viel zu kurz. Deshalb geben am Ende des ersten Teils zwölf ausformulierte Themenstellungen Gelegenheit zum Üben.
Die einschlägigen Paragraphen der Prüfungsordnung (siehe dazu auch den Auszug im Anhang) geben zwar vor, dass das Thema der Kurzpräsentation aus dem Handlungsbereich "Führung und Zusammenarbeit" stammen soll, aber es ist eben nur eine Soll-Vorschrift. Wie auch die in Teil A enthaltene Liste zeigt, stellen die meisten Kammern zahlreiche Aufgaben, die zumindest teilweise in die Handlungsbereiche "Unternehmensführung" und "Betriebliches Management" gehören. Deshalb wird in den Teilen B bis D das gesamte Prüfungswissen aus diesen drei Bereichen entsprechend der Gliederung des Rahmenstoffplans in Stichworten aufgeführt. Diese Aufteilung der drei Handlungsbereiche in eigene Teile ermöglichte es, innerhalb des jeweiligen Teils exakt die Gliederungspunkte des Rahmenstoffplans zu übernehmen. Damit kann zu jedem Punkt rasch der entsprechende Abschnitt im IHK-Textband oder in einem nach dem RSP aufgebauten Lehrbuch gefunden werden.
Es sind zwei Besonderheiten dieses Prüfungsteils, die vielen so großen Respekt davor einjagen: die direkte „Konfrontation" mit einem Prüfungsausschuss und die Angst vor einem un-

günstigen Thema. In einer Klausur hat man Zeit, sich abzuregen und dann konzentriert vor sich hin zu arbeiten. Und wenn man mit einer Frage nichts anfangen kann, bleiben immer noch viele andere, um die Scharte auszuwetzen. Aber hier, Auge in Auge mit Prüfern und zuvor allein mit einem „Überraschungsthema" im Vorbereitungsraum mit eng begrenzter Zeit - das macht schon Angst. Verstärkt wird diese Angst dadurch, dass man die Situation noch nicht kennt, unsicher ist über das Bevorstehende. Daraus ergibt sich die wichtigste Zielsetzung dieses Buches: durch konkrete Information die Angst zu nehmen, durch ausführliche Aufzählung gestellter Themen kalkulierbar machen, was gelernt werden muss, durch zahlreiche Tipps aus der Prüferpraxis Sicherheit zu geben. – Viel Erfolg!

Teil A - Die Prüfung

1. Der Prüfer, das unbekannte Wesen

Gleich als erstes vorab: die Prüfungsausschüsse bestehen aus - ganz normalen MENSCHEN! Nein, keine Roboter, keine Zombies und auch keine eigens ausgewählten Folterknechte oder Hobby-Sadisten. Allerdings gibt es in Deutschland 80 Industrie- und Handelskammern, die im Sinne der Prüfungsordnungen „zuständige Stellen" für die Bildung von Prüfungsausschüssen sind. Und wenn jeder Prüfungsausschuss für Wirtschaftsfachwirte im Durchschnitt auch nur über wenigstens 6 aktive Mitglieder verfügt, dann reden wir hier über 480 verschiedene Menschen. Da ist vielleicht doch mal ein Sadist dabei - oder sogar ein Zombie... Das ist aber deshalb wiederum nicht soooo schlimm, weil immer mindestens drei Prüfer anwesend sind. Also kann der Roboter, der Sadist, der Zombie mit 2:1 überstimmt werden. Manche Spekulationen im Internet - vor allem von Leuten, die bei einer Prüfung durchgefallen sind - lassen wirklich die schlimmsten Befürchtungen aufkommen! Aber es gibt auch andere Stimmen, die Mut machen: fast alle, die bestanden haben, berichten, wie überraschend freundlich und wohlwollend die Prüfer waren! Also: wer prüft da eigentlich?

Besonders dann, wenn die zuständige IHK auch Vorbereitungskurse für die Prüfung anbietet, entstehen Unsicherheiten über das Verhältnis der IHK zu den Prüfern. Aber ob die IHK auch als Kursveranstalter tätig wird oder nicht, hat nichts mit der Prüfung zu tun. Und die Teilnehmer von IHK-Kursen werden in der Prüfung auch nicht anders behandelt als die anderen. Es entscheidet jede IHK für sich, ob sie für die Abnahme der Prüfung zu einem bestimmten Abschluss einen

Prüfungsausschuss bildet. Bietet die IHK selbst einen Vorbereitungskurs an, wird sie das wahrscheinlich tun - aus dem einfachen Grund, dass dann ja auch eine nennenswerte Anzahl an Prüflingen im Zuständigkeitsbereich der Kammer zu erwarten ist. Wenn sie das tut, setzen sich nicht etwa Mitarbeiter der IHK zusammen, sondern sie beruft in diesen Ausschuss „Ehrenamtliche". Das ist nicht ganz einfach, denn ein Ehrenamt kann man auch ablehnen; es bedeutet schließlich Arbeit. Die Leute, die sich in den zu prüfenden Bereichen auskennen, verdienen sicher in einer Stunde beruflichen Einsatzes mehr Geld als an einem ganzen Tag mit Prüfungen bei der IHK. Dennoch: Die meisten Mitglieder der Prüfungsausschüsse sind Praktiker; sie stehen im Berufsleben und kennen sich aus dieser praktischen Erfahrung heraus in dem Stoffgebiet aus. Hinzu kommen häufig Leute, die selbst im Weiterbildungsbereich aktiv sind, sei es als Dozenten in Vorbereitungskursen oder als Bildungsverantwortliche in Wirtschaftsverbänden. Und mancher Prüfer hat selbst erst vor ein paar Jahren diesen Abschluss gemacht und sitzt jetzt auf der anderen Seite. Jedenfalls hat keiner ein Interesse daran, Prüflinge zu quälen oder gar durchfallen zu lassen. Es wird wohlwollend und auf Bestehen geprüft. Und der genannte berufliche Hintergrund der Prüfer führt auch dazu, dass keine hoch theoretischen Finessen gefragt werden, sondern der Praxisbezug und die Anwendung des Gelernten im Vordergrund stehen. Aber natürlich wird auch nichts geschenkt. Wäre das Auftreten vor dem Prüfungsausschuss nur eine Formalie, könnte man es gleich ganz lassen. Eine zu milde Bewertung würde auf Dauer dazu führen, den jeweiligen Abschluss zu entwerten. Damit wäre niemandem gedient.

2. Der formale Ablauf

Die Einladung zu Präsentation und Fachgespräch erfolgt mit einer genauen Zeit- und Raumangabe. Die Zeitangabe bezieht sich normalerweise auf den Beginn der Vorbereitungszeit von 30 Minuten, nicht auf den Beginn der Prüfung selbst. Wenn das aus der Einladung nicht eindeutig hervorgeht, sollte man besser nochmal nachfragen! Aber es empfiehlt sich auf jeden Fall, mindestens 15 Minuten vorher da zu sein. Insbesondere dann, wenn viele Prüfungsgespräche zu führen sind, lässt sich nicht über den ganzen Tag hinweg der Zeitplan immer genau einhalten. Das kann dazu führen, dass man erst später dran kommt. Aber es kommt auch immer wieder vor, dass z.B. eine Prüfung kurzfristig ausfällt, weil der Prüfling aus welchen Gründen auch immer nicht antritt. Man wird zunächst in einen Vorbereitungsraum geführt und erhält sein Thema. Die Form ist von IHK zu IHK verschieden: die meisten legen einfach ein Blatt mit dem Thema hin; manche lassen den Kandidaten selbst einen Umschlag ziehen (was letztlich auch nur eine getarnte Form des Vorsetzens ist), einige stellen dem Kandidaten zwei Themen zur Wahl und manche geben die Chance, ein Thema abzulehnen.

Was im Vorbereitungsraum an Materialien zur Verfügung steht, und vor allem wie man diese einsetzt, stellen wir später ausführlich dar. Viele Kammern fügen der Einladung auch ein Informationsblatt bei, indem unter anderem die Ausstattung im Vorbereitungsraum beschrieben wird (Muster dazu im Anhang).

Nach ca. 30 Minuten wird man in den Prüfungsraum gerufen und geht an den Platz mit den technischen Einrichtungen (Tafel, Flip-Chart, Projektor). Der Vorsitzende des Ausschusses begrüßt den Kandidaten bzw. stellt die Identität fest, manche stellen auch umgekehrt dem Prüfling die einzelnen Mitglieder des Prüfungsausschusses namentlich vor. Dann wird man gefragt, ob man sich gesundheitlich in der Lage fühlt, die Prüfung abzulegen und ob man Vorbehalte gegen den Ausschuss hat. Ich habe es zwar in Hunderten von Prüfungen noch nie erlebt, aber zumindest theoretisch besteht in diesem Moment eine letzte Chance, zur Prüfung nicht anzutreten ohne durchzufallen. Dann beginnt die eigentliche Prüfung mit der Präsentation und dem anschließenden Gespräch.

Aufbau und Darstellung der Präsentation sind nachher unser Hauptthema; hier bleiben wir bei dem formalen Ablauf. Nach der etwa 10-minütigen Präsentation beginnt das Fachgespräch. Wie dieses Gespräch geführt wird, ist Sache des jeweiligen Ausschusses. Im Normalfall wird zunächst immer nur ein Prüfer die Fragen stellen; erst wenn er keine mehr hat, haben dann die anderen Mitglieder des Ausschusses auch Gelegenheit, weitere Fragen anzuschließen. Ob das geschieht oder nicht lässt keine Rückschlüsse darauf zu, ob der Ausschuss „zufrieden" oder „unzufrieden" ist. Es muss ja nicht immer gleich um Leben oder Tod, bestanden oder durchgefallen gehen. Vielleicht soll mit zusätzlichen Fragen die Chance gegeben werden, auf eine noch bessere Note zu kommen. Was gefragt wird hängt vor allem zu Beginn des Gesprächs in hohem Maße vom Inhalt der voraus gegangenen Präsentation ab.

Dann wird man gebeten, den Raum zu verlassen, und der Ausschuss berät über die Punktevergabe. Das dauert schon deshalb eine Weile, weil einiges an Formularen auszufüllen ist. Wenn es sich zeitlich zieht, muss das also keine Streitigkeiten bei der Einigung im Ausschuss bedeuten. In die Punktevergabe gehen Präsentation und Fachgespräch mit unterschiedlicher Gewichtung ein, zu. einem Drittel die Präsentation und zu zwei Dritteln das Gespräch. Standard ist, dass der Ausschuss für beide Teile ein Bewertungsschema benutzt. Für die Präsentation ist in dem Schema nicht nur inhaltliche Richtigkeit und Tiefe der Ausführung vorgesehen; hier spielen auch Auftreten, Medieneinsatz, Körpersprache, Überzeugungsfähigkeit eine Rolle. Auf die Konsequenzen, die das für das Auftreten vor dem Ausschuss haben sollte, gehen wir noch näher ein. Im Fachgespräch führt meist ein Mitglied des Ausschusses Protokoll über die geprüften Themen mit einer Notiz, ob die Fragen mit oder ohne Hilfestellung, ganz oder teilweise, richtig oder falsch beantwortet wurden. Wenn der Ausschuss sich geeinigt und alle Formulare ausgefüllt und unterschrieben hat, wird man wieder hereingerufen. In manchen Fällen „kondoliert" der Vorsitzende und bringt einem schonend bei, dass es nicht gereicht hat. Meistens aber gibt es eine Gratulation. Manche machen es auch erst mal spannend und stellen dem Kandidaten die durchaus ernst gemeinte Frage, wie er selbst denn die gezeigte Leistung einschätzt. Das ist zugegeben in diesem Moment, in dem man einfach nur wissen will, ob man es geschafft hat, nicht sehr menschenfreundlich. Danach erhält man eine vorläufige Bescheinigung über den erfolgreichen Abschluss. Sie ist einfach deshalb vorläufig, weil das Ergebnis noch formal „festgestellt" werden muss und steht auch unter dem Vorbehalt etwaiger Rechenfehler. Sie enthält auch keine Noten! Offiziell soll die Note auch noch nicht mitgeteilt werden; aber viele Prüfer haben Mitleid mit der Neugier der Betroffenen und verraten es rein informell. Auf keinen Fall sollte man den Fehler machen, aus einer allgemeinen anerkennenden Bemerkung wie „Na, das ist doch ganz gut gelaufen" abzuleiten, dass man eine 2 hat, weil der Prüfer ja das Wort „gut" benutzt hat.

3. Präsentation: Themen und Inhalt

Die Prüfungsordnung ist nicht unbedingt so formuliert, dass man als Nicht-Jurist sofort versteht, was damit gemeint ist. Und zwischen dem, was in einer Prüfungsordung steht, und dem, was dann in einer Prüfung tatsächlich geschieht, kann es erhebliche Differenzen geben!

3.1 Themen laut Prüfungsordnung

„Das situationsbezogene Fachgespräch mit Präsentation nach Absatz 5 wird inhaltlich aufbauend auf die Aufgabenstellung nach § 5 durchgeführt und soll nicht länger als 30 Minuten dauern. Es soll sich inhaltlich auf die Qualifikations- und Handlungsbereiche nach den Absätzen 2 und 3 beziehen, der Schwerpunkt soll auf Absatz 3 Nr. 5 liegen. Es ist eine Vorbereitungszeit von höchstens 30 Minuten zu gewähren. Die Präsentation geht mit einem Drittel in die Bewertung der mündlichen Prüfung ein. Die mündliche Prüfung wird erst nach dem erfolgreichen Abschluss der schriftlichen Teilprüfungen nach den Absätzen 4 und 5 durchgeführt."

Beginnen wir mit dem Schluss: der letzte Satz besagt, dass man zu diesem Prüfungsteil erst zugelassen ist, wenn man beide schriftlichen Teilprüfungen, also sowohl die vier Klausuren der wirtschaftsübergreifenden Qualifikationen als auch die beiden Klausuren des handlungsspezifischen Teils bestanden hat. Was den Inhalt betrifft wird es komplizierter: zunächst soll es „aufbauend auf die Aufgabenstellung nach § 5" durchgeführt werden – in diesem Paragraphen ist der gesamte Stoff des handlungsspezifischen Teils aufgeführt einschließlich der Vorschriften zu den Klausuren. Einige Kammern interpretieren das so, dass den Themenstellungen für die Präsentation die Fallbeschreibung dieser Klausuren zugrunde gelegt

werden muss! Inhaltlich soll es sich „auf die Qualifikations- und Handlungsbereiche nach den Absätzen 2 und 3 beziehen". Da kein Paragraph genannt ist und das im § 3 steht, sind damit also die Absätze 2 und 3 des § 5 gemeint. In denen werden einfach die vier Fächer von Teil A (Absatz 2) und die fünf Fächer von Teil B (Absatz 3) genannt. Das heißt auf deutsch: ALLES kann dran kommen! Aber „der Schwerpunkt soll auf Absatz 3 Nr. 5 liegen", und das ist der Handlungsbereich „Führung und Zusammenarbeit". Dieser ist wiederum in § 5 Absatz 5 so abgegrenzt: „Im Handlungsbereich „Führung und Zusammenarbeit" soll die Fähigkeit nachgewiesen werden, zielorientiert mit Mitarbeitern, Auszubildenden, Geschäftspartnern und Kunden zu kommunizieren. Dabei soll gezeigt werden, dass Mitarbeiter, Auszubildende und Projektgruppen geführt werden können. Des Weiteren soll bei Verhandlungen und Konfliktfällen lösungsorientiert gehandelt werden können. Methoden der Kommunikation und Motivationsförderung sollen berücksichtigt werden. In diesem Rahmen können folgende Qualifikationsinhalte geprüft werden:
1. Zusammenarbeit, Kommunikation und Kooperation,
2. Mitarbeitergespräche,
3. Konfliktmanagement,
4. Mitarbeiterförderung,
5. Ausbildung,
6. Moderation von Projektgruppen,
7. Präsentationstechniken."

3.2 Themen in Wirklichkeit

Wer aber glaubt, damit sei es ausreichend, den sehr überschaubaren Stoff dieses Handlungsbereichs nochmal zu wiederholen, kann eine böse Überraschung erleben! Die aufgeführten Inhalte lassen sich kaum sinnvoll behandeln ohne Bezug auf Themen wie Personalentwicklung, Wissensmanagement und Managementmethoden – alle Inhalt im Handlungsbereich „Betriebliches Management". Und das gilt nicht minder für den Stoff aus den Gebieten Personalführung und Personalentwicklung, enthalten bereits in Teil A im Fach Unternehmensführung! Und wie die Meldungen von frisch gebackenen Wirtschaftsfachwirten aus allen Kammerbezirken zeigen, werden viele Themen aus diesen Bereichen oder zumindest diese Bereiche berührend gestellt. Besonders beliebt sind dabei die Führungsstile (aus Unternehmensführung) und verschiedene Methoden der Personalentwicklung. Die Auflistung von Themen in Kapitel 5 ist natürlich nicht repräsentativ, aber zeigt das Spektrum. Das ist auch kein Verstoß gegen die Prüfungsordnung, denn dort steht ja nur „der Schwerpunkt **soll** ...liegen". Und für das anschließende Fachgespräch gilt ohnehin erst recht, dass im Prinzip alles dran kommen kann. Wie man etwas Einfluss darauf nehmen kann, was gefragt wird, sehen wir in Kap.4.4

3.3 Vorgehen bei einem Problem-Thema

Bei dieser Bandbreite an möglichen Themenstellungen kann es natürlich passieren, dass man mit dem Thema „Pech" hat. Wenn „Pech" bedeutet, dass man ein Thema erwischt hat, das einem nicht so liegt, gibt es nur eins: das Beste daraus machen, es als Herausforderung annehmen und sich eine positive Einstellung zu dem Thema zurechtlegen. Eine Kandidatin, die vorab sicher war: wenn ich Projekt als Thema kriege, dann ist alles aus. Sie bekam das Thema, stürzte sich mit wütender Entschlossenheit darauf, zauberte in 30 Minuten einen ganzen Berg von Moderatorenkarten zusammen – und ging mit 98 Punkten nach Hause. Wirklich schlimm wird es erst, wenn man das Thema einfach nicht versteht, z.B. wenn ein unbekannter Fachausdruck zentraler Bestandteil der Fragestellung ist. Das sollte zwar nicht sein, aber wenn eine Kammer sehr

viele Prüflinge hat und entsprechend viele verschiedene Themen stellen muss, dann kommen dabei vielleicht auch mal weniger gut formulierte Themen heraus, die nur der bearbeiten kann, der auch genau diesen Fachausdruck oder Themenkomplex kennt. Wer das grundlegende Kommunikationsmodell von Thun an einem gegeben Fall erläutern soll, hat ein Problem, wenn er noch nie etwas von diesem „4-Ohren-Modell" gehört hat. Oder wer das Johari-Fenster zur Einführung von Beurteilungsgesprächen einsetzen soll, wird bei allem, was einem zu Beurteilungsgesprächen einfallen mag, doch Probleme haben, wenn er zum ersten Mal was von „Johari" hört. Beide Themen wurden übrigens tatsächlich schon gestellt; und sie zeigen die Bandbreite: „Johari" kommt im Rahmenstoffplan gar nicht namentlich vor und das Kommunikationsmodell nach Schulz von Thun wird zwar genannt, - aber im Handlungsbereich „Betriebliches Management" unter Managementtechniken.
Es gibt keine große Wahl: wer beim ersten Blick auf das Thema sieht, dass er das gar nicht bearbeiten kann, weil im Zentrum ein unbekannter Fachausdruck steht, sollte sofort darauf hinweisen, dass er hier ein Problem hat und um ein anderes Thema bitten. Einen Anspruch darauf gibt es nicht. Wenn das nicht klappt (oder man schon allein im Vorbereitungsraum ist, wenn einem die Situation klar wird), bringt es auch nichts, 30 Minuten zu heulen. Es bleibt nur die Möglichkeit, eine allgemeinere Präsentation zu machen - zur Kommunikation und ihren Regeln, zur Durchführung eines Beurteilungsgesprächs und häufigen Beurteilungsfehlern. Am Beginn der Präsentation vor den Ausschuss spricht man offen aus, warum man sich gezwungen sah, das Thema zu modifizieren. Theoretisch kann es zwar sein, dass der Ausschuss sagt: Thema verfehlt - nicht bestanden. Viel wahrscheinlicher aber ist, dass die Abänderung akzeptiert wird. Und wenn man Glück hat, kann es sogar Bonuspunkte bringen. Schließlich nennen die Prüfungsord-

nungen als Ziel der Prüfung nachzuweisen, dass man Problemstellungen erkennen, analysieren und einer Lösung zuführen kann. Nichts anderes hat man mit seinem Verhalten gerade bewiesen! Echte künftige Führungskräfte gehen mit einem solchen Problem offen(siv) um.

4. Präsentation – Vortrag – Fachgespräch

Niemand erwartet bei 30 Minuten Vorbereitungszeit zu einem zuvor unbekannten Thema ein Feuerwerk. Entscheidend für die Bewertung ist neben dem persönlichen Auftreten (dazu mehr in Kap. 5) der Eindruck, ob der Kandidat „im Thema" ist, mit dem Thema anwendungsbezogen umgehen kann. Und dafür ist Voraussetzung, dass ein Ziel oder Ergebnis der Präsentation erkennbar ist und ein roter Faden, der zu diesem Ergebnis führt.

4.1 Aufbau der Präsentation

Wie auch immer das Thema lauten mag: die Grobgliederung der Präsentation steht im Prinzip fest:
1. Ausgangslage und Aufgabenstellung
2. Darlegung der Lösungsmöglichkeiten oder Alternativen
3. Analyse und Abwägung
4. Empfehlung / Zusammenfassung.

Es wäre falsch, hier ein starres Arbeitsschema zu entwickeln und vorzugeben. Jeder muss selbst wissen, wie er am besten arbeiten kann. Deshalb kann es nur um Tipps gehen, die vielleicht für viele hilfreich sind. Das Wichtigste dabei bleibt der genannte „rote Faden". Den muss man zunächst selbst im Kopf haben, dann auf Papier und am Ende in die Präsentation bringen. Konkret bedeutet es, schon am Anfang zu wissen, was auf der letzten Folie stehen soll – und bestimmt nicht „Danke für Ihre Aufmerksamkeit". Natürlich hängt es stark von der Formulierung des Themas und dem eigenen Bezug dazu ab, ob einem das auch sofort klar ist. Bei mehr „wissensbezogenen" Aufgabenstellungen steht am Ende eher so etwas wie eine abschließende Würdigung, zum Beispiel der Möglichkeiten und Grenzen einer darzulegenden Führungsmethode. Bei mehr fallbezogenen Problemstellungen sollte eine klare Handlungsempfehlung den Schluss bilden. Wenn man sich darüber erst selbst noch klar werden muss, fängt man einfach schon mal mit der Umsetzung der Ausgangslage in eine präsentationsgerechte Darstellung an. Die dafür erforderlichen Informationen hat man ja. Durch die Umsetzung kommt man ins Thema und nutzt die Zeit, um Sicherheit zu gewinnen. Hat man danach immer noch keine genaue Vorstellung, wie man die Struktur anlegen will, schreibt man auf Blätter oder Moderatorenkarten alle Stichworte, die einem dazu einfallen. Wenn man die dann sortiert und zusammenfasst, ergeben sich fast zwangsläufig Zusammenhänge für die Präsentation.

4.2 Medieneinsatz

Welche Medien zur Verfügung stehen, ist auch wieder Sache der jeweiligen IHK. Standard ist ein „Moderatorenkoffer" mit eben diesen Moderatorenkarten, also Pappkartons in verschiedenen Farben und Größen, Folien, Flip Chart-Bögen, dann natürlich Stifte in allen Farben, Nadeln, Magnetknöpfe etc. Aber das ist nicht überall gleich! Eine große Kammer in Nord-Deutschland stellt die Moderatorenkarten nicht nur nicht zur Verfügung , man darf auch keine mitbringen. Sie sind also überhaupt nicht zugelassen! Die originelle Begründung: die Präsentationsunterlagen werden für den Fall eines Rechtsstreits zu den Akten genommen, und das geht mit 1Moderatorenkarten nicht – wahrscheinlich weil sie so schwer zu lochen sind. Wie die Akten dann wohl aussehen, wenn die Prüflinge notgedrungen Flip Chart-Bögen DinA 0 verwenden?
Auf jeden Fall sollte man zwei verschiedene Medien einsetzen: eins für die Darstellung der gesamten Gliederung – und dafür eignet sich Flip Chart am besten; ein anderes für die

Stichworte und Unterpunkte zu der Gliederung – und dafür sind - so denn zugelassen - Moderatorenkarten sehr praktisch. Sie haben mehrere große Vorteile: zum ersten ist es kein Problem, wenn man später merkt, dass eine andere Reihenfolge doch besser wäre, sie anders zu sortieren. Zum zweiten hat man was in der Hand, wenn man vor dem Ausschuss steht. Und schließlich kann man im Laufe der Präsentation vor dem Prüfungsausschuss diese Karten an eine Moderatorentafel oder Pinnwand anbringen und als detaillierte Gliederung mit dem Vortrag mitwachsen lassen.

Aber man kann natürlich auch umgekehrt die Moderatorenkarten für die Gliederung nehmen, also immer bei Beginn eines neuen Punktes anheften, und die Stichworte zu diesem Punkt auf Flip Chart vorbereiten und aufschlagen. Angesichts der knappen Zeit für Vorbereitung und Präsentation sind dabei ca. 6 „Folien" (=Bögen) völlig ausreichend. Dabei legt man, wenn der Platz reicht, am besten die großen Blätter nebeneinander und schreibt jeweils den Gliederungspunkt in der gleichen Farbe oben hin. Dann folgen im nächsten Arbeitsdurchgang die Stichworte zum Gliederungspunkt mit ausreichend Zwischenraum. Sobald das geschafft ist, hat man schon eine vorzeigbare Präsentation zusammen. Wenn dann immer noch Zeit ist, nutzt man die am besten, um im Kopf eine „Probe-Präsentation" durchführen.

Während der Präsentation wissen viele nicht, wohin mit ihren Händen. Deshalb besteht vielleicht die Versuchung, die oben genannten Karten mit den Gliederungspunkten als „Stichwortgeber" in der Hand zu halten. Aber das darf nicht dazu führen, dass man den Blickkontakt zum Ausschuss vernachlässigt und nur auf die jeweilige Karte starrt. Deshalb ist es besser, die gerade aktuelle Karte, über deren Stichworte man referiert, wie oben beschrieben an der Moderationswand anzubringen. Als Alternative zur Beschäftigung der Hände bietet sich natürlich einen Zeigestock an. Nicht empfehlenswert ist dagegen ein Laserpointer! Den muss man nämlich sehr ruhig halten, um auch die richtige Stelle zu treffen, es soll aber Leute geben, die in die Prüfungen so nervös sind, dass ihre Hände zittern.

4.3 Der Vortrag

Natürlich ist es zuallererst wichtig, dass man auch inhaltlich wirklich etwas vorzutragen hat, eine Struktur erkennbar wird. Hier geht es aber um die äußere Form. Und dabei ist der wichtigste Aspekt, dass man authentisch rüber kommt. Was damit gemeint ist, hat Volker Wedde in dem Buch „Handelsfachwirt werden" so auf den Punkt gebracht: „Bleiben Sie Sie selber und verhalten Sie sich natürlich!"

Ein Beispiel soll das verdeutlichen: bei Menschen, die Zeit ihres Lebens immer und überall einen bestimmten Dialekt sprechen, klingt es einfach verkrampft, wenn sie sich bemühen, hochdeutsch zu sprechen. Tonfall, Wortwahl und Satzstellung des Dialekts klingen durch und geben der bemüht „vornehmen" Artikulation etwas Peinliches. Es ist besser, in seinem gewohnten Sprachstil zu bleiben - immer vorausgesetzt, der Dialekt ist auch allgemein verständlich. Ein besonderer Aspekt ist dabei die Wortwahl. Besonders Fremdwörter, die man normalerweise nie benutzt, sollte man auch hier meiden.

Unsicherheit besteht vielfach gerade über den Beginn der Präsentation: Begrüßt man jeden Prüfer einzeln mit Handschlag? Soll ich mich selbst vorstellen? Wenn ja, welche Informationen sind angebracht? Eine universell gültige Antwort gibt es hier nicht, weil das nicht zuletzt von der Erwartung und Gewohnheit des einzelnen Prüfungsausschusses abhängt. Jeden Prüfer einzeln mit Handschlag zu begrüßen ist vielleicht eher etwas übertrieben. In den meisten Fällen ist es wohl am besten, seine Unterlagen aus dem Vorbereitungsraum an zu bringen und, wenn man damit fertig ist, sich den richtigen Standort zwischen Flip-Chart und Tafel oder Moderationswand zu suchen und dem Ausschuss zu sagen, dass man bereit ist. Wenn der einem das Wort erteilt, sollte man sich mit Namen und Angabe des Arbeitgebers vorstellen. Ob man weitere Informationen gibt, ist auch eine taktische Frage. Wer beispielsweise in seinem Beruf gerade mit der Betreuung von Auszubildenden beschäftigt ist und das Glück hatte, für die Kurzpräsentation ein Thema aus genau diesem Bereich zu erwischen, muss das dem Ausschuss nicht unbedingt ausdrücklich erzählen. Das würde zwangsläufig die Erwartungshaltung nach oben treiben. Es kann also umgekehrt taktisch klug sein, wenn man ein von der eigenen Berufspraxis weit entferntes Thema hat, kurz zu beschreiben, worin die beruflichen Aufgaben bestehen. Aber auf jeden Fall sollten es nicht mehr als zwei Sätze sein, und auf keinen Fall darf der Eindruck entstehen, dass man eine heftige Abneigung gegen das zu behandelnde Thema hat. Eine positiv optimistische Ausstrahlung macht immer einen besseren Eindruck!

Bei Fallschilderung und Aufgabenstellung für die Kurzpräsentation wird häufig eine Situation beschrieben, bei der man in einem fiktiven Unternehmen vor einem Gremium bzw. der Geschäftsführung etwas darlegen soll. Damit bietet es sich an, die Präsentation auch als „Rollenspiel" durchzuführen. Das sollte dann aber auch gleich in den einleitenden Worten deutlich werden. Am besten sagt man gleich als erstes nach der Vorstellung zum Prüfungsausschuss beispielsweise: „Ich gehe von der Situation aus, dass Sie als Geschäftsführung der PrüfungsGmbH mich als den zuständigen Abteilungsleiter beauftragt haben, ein Konzept für eine systematischere und gerechtere Bewertung von Klausuren zu erarbeiten. Dieses Konzept möchte ich Ihnen in den nächsten 10 Minuten kurz vorstellen und im anschließenden Gespräch erläutern." Während der Präsentation macht dieser Rollenspiel-Charakter für die Ausführungen nur darin einen Unterschied, dass man dann konsequenterweise auch in der Wir-Form von dem vorgestellten Unternehmen spricht. Zum Abschluss der Präsentation kann man dann den Einstieg wieder aufgreifen: „Soweit also mein Vorschlag für die von Ihnen angestrebte Verbesserung. Ich hoffe, dass dieses Konzept Ihren Vorstellungen entspricht." Und damit ist jetzt der Prüfungsausschuss an der Reihe. Aus den ersten Sätzen wird sich gleich ergeben, ob der Prüfer bereit ist, auf das Rollenspiel selbst einzusteigen und das Gespräch so zu führen, als ob er der Geschäftsführer wäre, oder ob er zu einem „normalen" Prüfungsgespräch übergeht. Nach meiner Erfahrung ist dieses Rollenspiel nicht für das gesamte Prüfungsgespräch durchzuhalten. Man steigt eventuell am Anfang darauf ein, aber nach und nach entfernen sich die Fragen ja auch von dem Präsentationsthema.

Bevor wir jedoch zu dem Prüfungsgespräch kommen nochmal zurück zur Präsentation. Immer wieder kommt es vor, dass ein Kandidat seinen Vortrag Damit beendet, dass er einfach nichts mehr sagt. Die Mitglieder des Prüfungsausschusses warten dann erst einmal ab, ob er vielleicht nur den Faden verloren hat und sich wieder fängt und fragen dann nach. Das macht natürlich einen ganz schlechten Eindruck! Es sollte ohnehin aus dem Inhalt des Vortrages und dem Text des eingesetzten Mediums ganz eindeutig klar sein, wenn das Ende erreicht ist. Denn inhaltlich sollte dieses Ende ja aus einem Fazit, einer Schlussfolgerung, einer Empfehlung bestehen. Eine zusätzliche Karte mit dem üblichen Text "Danke für Ihre Aufmerksamkeit" ist nicht besonders originell. Aber sagen sollte man das durchaus. Dagegen macht der beliebte Zusatz "ich stehe für Ihre Fragen zur Verfügung" zwar nichts kaputt, aber genau genommen ist er albern, denn wofür sonst steht man schließlich vor dem Prüfungsausschuss.

4.4 Prüfungsgespräch

Das Prüfungsgespräch wird fast immer direkt an den Inhalt der Präsentation anknüpfen. Nun hat man sich deren Thema zwar nicht selber ausgesucht, aber es gibt doch Möglichkeiten, über die Präsentation das Gespräch in eine bestimmte Richtung zu lenken. Wer im Vortrag einen Aspekt nur andeutet, ein Randthema streift, einen Fachausdruck unkommentiert verwendet, kann ziemlich sicher sein, dass ein Mitglied des Ausschusses diese Vorlage für eine Frage aufnimmt. Die Konsequenzen sind klar: wenn man von etwas keine Ahnung hat, sollte man darum soweit irgend möglich auch in der Präsentation einen großen Bogen machen. Hat man aber umgekehrt ein erklärtes Lieblingsthema, ist jeder Vorwand willkommen, um eine Andeutung in diese Richtung einzubauen. Ein Beispiel soll das verdeutlichen: es wird die Aufgabe gestellt , ausgehend von einer kleinen Fallbeschreibung Vor- und Nachteile einer internen Stellenbesetzung gegenüberzustellen und eine fallbezogene Handlungsempfehlung auszusprechen. Wer gerne das Gespräch auf rechtliche Fragen lenken möchte, weist darauf hin, dass eventuell aus rechtlichen Gründen ohnehin eine interne Stellenausschreibung erfolgen muss. Die Chance gefragt zu werden, was das denn für Gründe sein könnten etc. ist gut. Wer dagegen alles zum Modethema „Assessment Center" vorwärts und rückwärts pfeifen kann, nennt bei den Vorteilen einer internen Stellenbesetzung die Kostenersparnis gegenüber einer externen und dazu in Klammern das Beispiel „Assessment Center". Die Chancen, dass ein Prüfer darauf einsteigt, stehen nicht schlecht.

Bei den Antworten auf die Fragen ist es immer gut, sich dann Zeit zu lassen, ruhig und ausführlich zu sprechen, wenn man festen Boden unter den Füßen hat. Es gibt keine Sonderwertung für besonders schnelles Antworten. Solange man die Frage beantwortet, kann keine gestellt werden, auf die man die Antwort nicht weiß.

Was aber tun, wenn man dann doch mal eine Frage bekommt, auf die man keine Antwort weiß? Es schadet auf keinen Fall, erst noch einmal nachzufragen. „Entschuldigung - ich habe die Frage nicht ganz verstanden. Könnten Sie bitte noch einmal wiederholen?" Wegen einer solchen Nachfrage wird ganz bestimmt kein einziger Punkt abgezogen, und man gewinnt damit nicht nur Zeit, sondern bekommt auch eine zusätzliche Chance! Kaum ein Prüfer wird nämlich seine Frage genau wörtlich wiederholen. Und in dem Moment, in dem er sie anders formuliert, gibt er auch zusätzliche Informationen darüber, worum es geht, also Hinweise auf die erwartete Antwort. Es ist sehr wichtig, in diesem Moment genau hinzuhören. Aber wenn das auch nicht hilft? Im e-book über die Ergänzungsprüfung habe ich zu dieser Situation geschrieben: „Im... Fall einer Frage, die exakt das schwarze Loch des eigenen Wissens trifft, ist es besser, gleich zuzugeben, dass man davon keine Ahnung hat, als sich endlos zu winden. Die Zeit läuft - und je schneller man aus dieser Phase, in der man einen schlechten Eindruck macht, herauskommt umso besser. Kein Prüfer wird sich auf ein solches Eingeständnis hin weigern, das Thema zu wechseln." Sicher kostet das Punkte; aber die Alternativen zu schweigen oder zu stammeln oder dummes Zeug zu reden, kosten allesamt mehr.

Je nachdem, wie viel von der für das Gespräch zur Verfügung stehenden Zeit von meist 20 Minuten nach solchen präsentationsbezogenen Fragen überhaupt noch bleibt, kommen dann eventuell gegen Ende auch noch ganz andere und allgemeine Fragen, die mit dem Thema der Präsentation wenig oder nichts mehr zu tun haben. Das bedeutet nicht, dass jemand nach Wissenslücken sucht, in denen er bohren könnte. Es geht bei solchen Fragen schlicht darum, das Bild abzurunden und zusätzliche Entscheidungshilfen für die Notenfindung zu bekommen. Hier ist nun wirklich gar keine Prognose mehr möglich, was gefragt wird.

Für den Gesamteindruck, der sich natürlich über die Einstellung der Prüfer auch auf die Notengebung auswirkt, ist es durchaus von Bedeutung, alle üblichen Höflichkeitsregeln für ein Gespräch zu beherzigen. Dazu gehört vor allem, seinen Gesprächspartner anzuschauen, ihm auch durch die Mimik das Gefühl zu geben, dass man ihm zuhört und ihn versteht. Kurzum: es ist all das in der Praxis anzuwenden, was wir vorher in den entsprechenden Handlungsbereichen über Gesprächsführung und Kommunikation gelernt haben.

Aber Vorsicht: man darf das auch nicht übertreiben! So wird oft gelehrt, man solle seinen Ansprechpartner, im gegebenen Fall also den Prüfer, auch mal direkt mit Namen ansprechen. Selbst wenn man ihn bis zur Prüfung gar nicht persönlich kannte, ist das dennoch möglich, denn der Regelfall ist, dass die Prüfer ein Namensschild vor sich auf dem Tisch stehen haben. Dabei besteht allerdings das Risiko, dass die sich im Laufe des Tages mal umgesetzt haben, ohne ihre Schilder mitzunehmen - was dann peinlich ist. Peinlicher wird es aber, wenn der Prüfling fast jede Antwort damit beginnt, den Prüfer beim Namen zu nennen. Das wirkt nur aufgesetzt. Und wenn die Namensnennung dann noch mit der Floskel beginnt: „Das ist eine gute Frage, Herr Watzenzupfel", dann wirkt es zudem auch überheblich, denn wer prüft schließlich hier wen? Und „das ist eine gute Frage" sagt man meistens dann, wenn man die Antwort gar nicht weiß.

5. Bisherige Themenstellungen

Inzwischen haben bestimmt über 1000 solcher Prüfungen nach der neuen Prüfungsordnung stattgefunden. Und dank der Mitarbeit vieler Prüfungsteilnehmer im Fachwirt-Forum ist ein ganz guter Überblick möglich, welche Fragestellungen häufiger vorkommen. Einen Anspruch auf Vollständigkeit kann diese Sammlung selbstverständlich nicht erheben. Eine Reihe von Themenstellungen, die so ausformuliert sind, wie es bei der Prüfung selbst sein könnte oder zumindest sollte, ist im nächsten Kapitel enthalten. Dazu kommen dann noch einige Lösungshinweise. Hier werden im Folgenden erst einmal die wichtigsten Themen so aufgelistet, wie sie im Forum berichtet wurden.

Sie sollen ein Seminar abhalten zum Thema Führungskompetenzen. Differenzieren Sie zwischen den verschiedenen Kompetenzarten und beschreiben Sie, wie Sie das Seminar vorbereiten und durchführen.

Erstellen Sie eine Übersicht aller Aufgaben, die zur Personalbeschaffung gehören; erläutern Sie weiter, wie man bei der Personalauswahl vorgehen muss, um Fehlbesetzungen zu vermeiden

Erläutern Sie Vorbereitung und Durchführung eines Kritikgesprächs. Gehen Sie dabei auch auf das Kommunikationsmodell von Thun ein.

Stellen Sie die Voraussetzungen dar, unter denen Projektarbeit sinnvoll ist, beschreiben Sie, worauf bei der Bildung eines Projektteams zu achten ist und welche Gruppenkonflikte in einem Projektteam auftreten können.

Entwickeln Sie für die Geschäftsführung einen Vorschlag für die Einführung eines einheitlichen Beurteilungssystems. Stellen Sie dabei insbesondere die möglichen Beurteilungsverfahren und Beurteilungskriterien dar.

Sie sind in einem Unternehmen als Ausbilder angestellt und sollen den Abteilungsleitern in einer Präsentation folgende Punkte erläutern: welche Rahmenbedingungen erfüllt sein müssen, damit in Ihrem Betrieb überhaupt eine Ausbildung durchgeführt werden darf; welche Methoden zum Übermitteln von Lerninhalten angewendet werden sollten; welche Faktoren für die Motivation von Auszubildenden zu berücksichtigen sind.

Beschreiben Sie, wann eine Moderation sinnvoll ist, wie sie durchgeführt wird und über welche Eigenschaften ein Moderator verfügen muss.

Erstellen und erläutern Sie eine Liste möglicher Frühindikatoren, anhand derer rechtzeitig drohende wirtschaftliche Probleme für das Unternehmen erkannt werden können.

Die Stelle einer Sachbearbeiterin in Ihrer Abteilung wurde extern ausgeschrieben. Nach Durchsicht aller Bewerbungsunterlagen wollen sie drei Kandidaten zu einem Gespräch einladen. Beschreiben und begründen Sie, nach welchen Kriterien sie diese Auswahl getroffen haben. Erläutern Sie im Hinblick auf die Bewerbungsgespräche, welche Punkte Sie bei der Vorbereitung beachten müssen und welche Inhalte Sie in welcher Phase des Gespräches ansprechen wollen.

Sie sind in Ihrem Unternehmen von der Geschäftsführung zum Leiter eines Qualitätszirkels berufen worden. Um die Arbeit dieses neuen Gremiums von vornherein möglichst ertragreich zu gestalten, sollen sie bei der ersten Sitzung eine Präsentation durchführen über kreative Techniken.

Sie möchten Ihre Geschäftsführung davon überzeugen, für die Besetzung einer wichtigen neu geschaffenen Position ein Assessment Center einzuführen. Beschreiben Sie vor und Nachteile dieses Verfahrens, und schildern Sie dabei auch die dafür intern zu schaffenden Voraussetzungen.

Erstellen Sie für die Schulung der Abteilungsleiter eine Präsentation, in der Sie die häufigsten Beurteilungsfehler darstellen und mit jeweils einem praktischen Beispiel erläutern. Geben Sie den Abteilungsleitern dabei zusätzliche Informationen darüber, wie ein bloßes Gespräch ablaufen und was man dabei beachten sollte.

Sie haben die Aufgabe, als Moderator die Sitzung einer Arbeitsgruppe zu leiten, die einen Vorschlag für ein systematisches Ausbildungsmarketing erstellen soll. Nennen Sie die Ziele einer effektiven Moderation, beschreiben Sie die Methoden und Aufgaben eines Moderators und erklären Sie die Moderationsphasen.

6. Übungsthemen

Damit es keine Missverständnisse gibt: die im Folgenden aufgeführten Aufgabenstellungen sind nicht nur vielleicht, sondern hoffentlich sogar ganz bestimmt bereits bei vielen Kammern vorgekommen. Sie wurden zwar für dieses Buch formuliert; aber Ähnlichkeiten zur tatsächlichen Prüfung liegen bei dem vorgegebenen Themenbereich in der Natur der Sache. Der hier gewählte Aufbau, Fallbeschreibung und Aufgabenstellung inhaltlich und optisch klar zu trennen, ist sicher sinnvoll, aber keineswegs in der Prüfungswirklichkeit üblich. Und ganz sicher wird das Aufgabenblatt mit der Themenstellung, das man im Vorbereitungsraum erhält, nicht in der Überschrift schon verraten, um welchen Bereich genau es geht.
Die Lösungshinweise bestehen jeweils aus einer Gliederung und solchen Stichworten zu den einzelnen Punkten, wie man sie zum Beispiel auf Moderatorenkarten schreiben könnte. Diese Stichworte stammen weitgehend aus den e-books der Reihe „Prüfungswissen kompakt" (siehe am Ende dieses Buches!) zu den entsprechenden Handlungsbereichen, also in erster Linie „Führung und Zusammenarbeit", aber auch „Unternehmensführung" und „Betriebliches Management". Sie erheben jedoch nicht den Anspruch, perfekt zu sein, und bedürfen natürlich der mündlichen Erläuterung durch den Vortrag. Es geht also ausdrücklich hier nicht darum, etwas vorzusetzen, was für die Prüfung auswendig zu lernen einen Sinn ergeben würde.

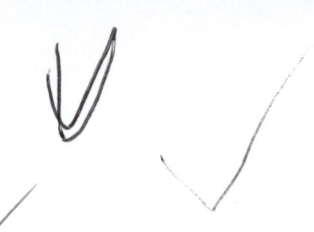

6.1 Führungsstil

Fallbeschreibung
Sie sind Abteilungsleiter eines Maschinenbau-Unternehmens mit 1450 Mitarbeitern in Deutschland und weiteren 300 Mitarbeitern in anderen europäischen Ländern. Bisher wurde das Unternehmen eher patriarchalisch geführt. In Ihrer Abteilung arbeiten 30 Mitarbeiter. Es erfolgte eine Fusion mit einem US-amerikanischen Unternehmen gleicher Größenordnung. Gemeinsam wurden bereits neue Produkte entwickelt, die in Kürze marktreif sein werden. Sie haben drei Monate Zeit, Ihre Abteilung auf die neuen Herausforderungen auszurichten.

Aufgabe
Von der neuen Unternehmensleitung wird ausdrücklich gewünscht, dass das Mittelmanagement darlegt, mit welcher Managementmethode und welchem Führungsstil künftig die Mitarbeiter stärker eingebunden und motiviert werden sollen.

Erläutern Sie Ihren Vorschlag.

Stichworte:
Patriarchalischer / kooperativer Führungsstil: Unterschiede bzw. Vor – und Nachteile. Anforderungen an Vorgesetzte und Mitarbeiter. Motivationsarten; Identifikation der Mitarbeiter – Zielvereinbarungen (Management bei Objectives).

6.2 Interne Stellenbesetzung

Fallbeschreibung
Sie arbeiten in der Personalabteilung eines Unternehmens mit 258 Mitarbeiter. Der Leiter der Buchhaltung ist aus persönlichen Gründen überraschend kurzfristig ausgeschieden. Die Stelle soll so rasch wie möglich wieder besetzt werden. Sie beinhaltet die disziplinarische und fachliche Zuständigkeit für 16 Mitarbeiter, die in drei verschiedene Arbeitsgruppen mit je einem Gruppenleiter aufgeteilt sind. Wegen der Dringlichkeit sollen sie zuerst die Möglichkeit einer internen Besetzung der Stelle prüfen.

Aufgabe
Beschreiben Sie die Vor – und Nachteile einer internen Besetzung, und entwickeln Sie dabei zu jedem Nachteil auch einen konkreten Vorschlag, wie dem vorbeugend zu begegnen ist.

Stichworte:
interne Personalbeschaffung - Vorteile: geringere Kosten; schnellere Besetzung; Fähigkeiten der Bewerber bekannt; keine Einarbeitung in die Abläufe; Motivation der Belegschaft durch Aufstiegschancen.
Nachteile: Zurücksetzung nicht berücksichtigter interner Bewerber; Ersatzbedarf für bisherige Stelle des Beförderten; Autoritätsprobleme des Mitarbeiters.

6.3 Beurteilungsgespräch und -fehler

Fallbeschreibung
Sie arbeiten in einem Unternehmen, in dem es bisher den einzelnen Abteilungsleitern selbst überlassen wurde, wie Sie Ihre Mitarbeiter führen, beurteilen und fördern. Das hat jedoch dazu geführt, dass die entsprechenden Aufgaben nur sporadisch und teilweise unqualifiziert angegangen wurden. Um diese Defizite in der Personalführung aufzuarbeiten, soll in Zukunft das Instrument der Beurteilungsgespräche systematisch und einheitlich eingesetzt werden

Aufgabe
Die betroffenen Abteilungsleiter werden in einem Meeting auf diese Maßnahme vorbereitet. Erklären Sie in einem einführenden Vortrag den Abteilungsleitern
- die Anlässe, aus denen ein Beurteilungsgespräch zu führen ist;
- welche Punkte bei Vorbereitung und Durchführung eines solchen Gesprächs zu beachten sind,
- welche Beurteilungsfehler häufig vorkommen und zu vermeiden sind.

Stichworte:
Anlässe (u.a. Ermittlung von Leistungsniveau; Potentialanalyse; Personalentwicklung;
Erstellung vonZeugnissen; Versetzungen.
Grundsätze: maximale Objektivität; strukturierter Ablauf; einheitliche Kriterien der Beurteilung. Beurteilungsfehler u.a.: Übernahmefehler; Halo-Effekt; Primacy-Effekt; Recency-Effekt; Andorra-Phänomen; Pygmalion-Phänomen; Kontrastfehler; Projektionsfehler; Tendenzfehler.

6.4 Bedürfnisse und Motivationen

Fallbeschreibung *unmotivierte MA*
Die vertrauliche Analyse durch ein externes Beratungsunternehmen hat ergeben, dass von den 235 Mitarbeiterinnen und Mitarbeitern ihres Unternehmens 121 der Aussage zustimmen, dass sie mit ihren Arbeitsbedingungen „unzufrieden" bzw. „eher unzufrieden" sind. Der Aussage „Ich mache in der Arbeitszeit nur das Nötigste" wurde 47x zugestimmt. Die Werte für die Teilmenge der mittleren Führungskräfte wurden zwar wegen der geringen Fallzahl von acht nicht gesondert ausgewiesen, sind aber auch nicht besser. Die Berater empfehlen dringend, stärker auf die verschiedenen Bedürfnisse der Mitarbeiter/innen einzugehen.

Aufgabe
Erläutern Sie die verschiedenen Bedürfnisse und Motivationen von Mitarbeitern. Nennen Sie dazu jeweils eine Möglichkeit, diese Bedürfnisse im Unternehmen aufzugreifen. Berücksichtigen Sie dabei auch Maßnahmen der Personalentwicklung.

Stichorte:
Maslowsche Bedürfnispyramide – Bedürfnisarten und Niveaus; Personalentwicklung: job-enrichement, job-enlargement, job-rotation; Maßnahmen on, near, into the job.

6.5 Change Management; Widerstände

Fallbeschreibung
In Ihrem Unternehmen wurde schon einmal von einer Projektgruppe ein Vorschlag für eine Umstellung der bisherigen funktional gegliederten Linienorganisation zu einer kundenfreundlicheren Aufstellung des Unternehmens erarbeitet. Nach langwierigen Diskussionen vor allem mit den betroffenen Abteilungsleitern wurden diese Pläne jedoch letztlich nicht umgesetzt. Der inzwischen nicht mehr zu übersehende Verlust an Marktstellung zwingt die Geschäftsführung jedoch, sich dieser Aufgabe erneut zu stellen.

Aufgabe
Sie haben die Aufgabe, für die Geschäftsführung im Vorfeld denkbare interne Widerstände gegen die Umorganisation nach Art und Motivation zusammenzutragen und Vorschläge zu unterbreiten, wie dem frühzeitig zu begegnen sei.

Stichworte
Ursachen für Widerstände (generelle Angst vor dem Unbekannten; Angst vor Überforderung; Bequemlichkeit; Furcht vor dem Verlust von Privilegien).
Maßnahmen: Umfassende und rechtzeitige Information; - Einbeziehung von Meinungen und Vorschlägen; Kommunikation der Motive und Vorteile.
Rollen: Außenseiter – integrieren; Informelle Führer – kooperieren; Wichtigtuer – limitieren; Saboteure – isolieren; Verweigerer – delegieren.

6.6 Projekt: Phasen und Rollen

Fallbeschreibung
In einem Call-Center sollen die beiden bisher getrennten Abteilungen „Sales" und „After-Sales" zusammengelegt werden. Bisher haben beide Abteilungen je 12 Mitarbeiter/innen mit einem Abteilungsleiter bzw. einer Abteilungsleiterin sowie einem stellvertretenden Abteilungsleiter. Die neue Abteilung soll 18 Mitarbeiter/innen mit nur einem Abteilungsleiter und einer Stellvertreterin haben. Sie haben Bedenken, dass diese Maßnahme sich negativ auf die Leistungsbereitschaft der betroffenen Mitarbeiter auswirken könnte.

Aufgabe
Erläutern Sie, in welchen Phasen dieses Projekt ablaufen könnte, und für jede Phase, mit welchen Verhaltensweisen der Mitarbeiter zu rechnen ist und welche Maßnahmen Sie dazu vorschlagen.

Stichworte
Phasen: unfreezing – changing – refreezing; Rollen: Außenseiter – integrieren; Informelle Führer – kooperieren; Wichtigtuer – limitieren; Saboteure – isolieren; Verweigerer – delegieren.

6.7 Ausbildung ✓

Fallbeschreibung und Aufgabe 1
Sie sind in einem Unternehmen als Ausbilder angestellt und sollen den Abteilungsleitern in einer Präsentation folgende Punkte erläutern: welche Rahmenbedingungen erfüllt sein müssen, damit in Ihrem Betrieb überhaupt eine Ausbildung durchgeführt werden darf; welche Methoden zum Übermitteln von Lerninhalten angewendet werden sollten; welche Faktoren für die Motivation von Auszubildenden zu berücksichtigen sind.

Stichworte
Anforderungen an betriebliche Ausstattung; persönliche, fachliche, pädagogische Eignung der Ausbilder; 4-Stufen-Methode, Leittext-Methode; Motivationsarten (intrinsisch – extrinsisch)

6.8 Potentialanalyse

Fallbeschreibung
In einem Unternehmen der Auto-Zulieferbranche mit über 400 Mitarbeitern hat die Analyse der Altersstruktur ergeben, dass 15 % der Mitarbeiter über 60, weitere 38 % über 50 Jahre alt sind. Um vor allem frei werdende Stellen auf der mittleren Leitungsebene bevorzugt intern besetzen zu können, soll eine Potenzialanalyse vorgenommen werden.

Aufgabe
Erstellen Sie eine Übersicht der Voraussetzungen, die für die Einführung und kontinuierliche Durchführung einer effektiven Potenzialanalyse gegeben sein müssen und schlagen Sie die erforderlichen Maßnahmen vor, um diese Voraussetzungen zu sichern.

Stichworte
Liste der zu prüfenden Potenziale – Verbindung zu Anforderungen aus Stellenbeschreibungen; Mögliche Beurteilungskriterien, Entwicklung von Formularen; mögliche Beurteilungsfehler, Schulung der Beurteiler; Struktur von Beurteilungsgesprächen.

6.9 Ausbildung: Einführungstag

Fallbeschreibung
Sie sind Ausbildungsleiter/in Ihrem Betrieb, einer Möbelfabrik mit 200 Mitarbeiterinnen und Mitarbeitern. Sie haben drei Auszubildende eingestellt, die am 1.9.2012 ihre Ausbildung beginnen. Es sind eine Kauffrau für Bürokommunikation und zwei Industriekaufleute.

Sie planen für die drei einen Einführungstag durchzuführen. Ihr Vorgesetzter bitte Sie, diesen zu gestalten und darüber in der nächsten Mitarbeiterbesprechung zu berichten.

Aufgabe
Planen Sie einen Einführungstag für die neuen Auszubildenden sowie weitere Aktivitäten für die erste Arbeitswoche, mit viel Abwechslung und mit unterschiedlichen Methoden. Präsentieren Sie Ihr Ergebnis den Mitarbeitern.

Stichworte:
Empfang und Begrüßung; Betriebsbesichtigung; erforderliche allgemeine Informationen; vorstellen der Ansprechpartner; erläutern des Ausbildungsplans; vorstellen der Ausbildungsstationen; teamorientierte Maßnahmen zum gegenseitigen Kennenlernen.

6.10 Führungskompetenzen und Führungsstile

Fallbeschreibung
Geschäftsführung und Teamleiter der „Büro-Reinigungs-GmbH" treffen sich einmal im Jahr zu einem „Kreativ-Wochenende" außerhalb der Firmenräume. Im Mittelpunkt steht ein Schwerpunktthema mit einem Impuls-Referat. Dafür wurde von der Geschäftsführung diesmal das Thema festgesetzt: „Leitlinien – Führungsgrundsätze – Führungsstile".

Aufgabe
Sie erhalten den Auftrag, das Impulsreferat vorzubereiten. Die Geschäftsführung macht Ihnen deutlich, dass sie dabei auch Stichworte zu den Anforderungen an die Führungskräfte erwartet.

Stichworte:
Inhalte von Leitlinien; Corporate Behaviour, Corporate Identity; Orientierungs – und Identifikations–Funktion; Führungsstile (autoritär, kooperativ, situativ); Kompetenzen von Führungskräften (persönlich, fachlich, sozial, kommunikativ).

6.11 Moderation und Konfliktarten

Fallbeschreibung

Sie arbeiten als Assistent der Geschäftsleitung in einem größeren Zeitarbeitsunternehmen. In den vergangenen Monaten gab es mehrfach Auseinandersetzungen zwischen den Abteilungen Vertrieb / Marketing einerseits und Personaleinsatzplanung andererseits. Die Personaleinsatzplanung bemängelt verspätete und zum Teil unvollständige Information über die zu erfüllenden Aufträge; der Vertrieb wirft der Personaleinsatzplanung bürokratisches Denken und unflexible Arbeitsweise vor.

Aufgabe
Sie erhalten von der Geschäftsführung den Auftrag, eine Konfliktmoderation mit den beiden Abteilungen durchzuführen.

Stichworte
Konflikt Ursachen (Ziele, Ressourcen, Personen); Vorbereitung und Durchführung von Moderationsgesprächen; Rolle und Aufgaben des Moderators; Moderationsziele.

6.12 Kreativitätstechniken

Fallbeschreibung

Sie arbeiten in der Kreativabteilung einer größeren Werbeagentur. Es ist üblich, dass einmal im Jahr ein zweitägiger Betriebsausflug durchgeführt wird, an dem auch stets fast alle Mitarbeiterinnen und Mitarbeiter teilnehmen. In der letzten Zeit entstand jedoch Unzufriedenheit über die von der Geschäftsleitung vorgenommene Wahl des Zieles und das Programm. Die Geschäftsleitung möchte deshalb, dass die Kreativabteilung eine Betriebsversammlung zu dem Thema vorbereitet, bei der die Mitarbeiter selbst Ideen entwickeln sollen.

Aufgabe
Erstellen Sie einen Vorschlag mit alternativen Kreativitätstechniken. Beschreiben Sie deren Einsatz und die Aufgaben des Leiters der Versammlung.

Stichworte
Kreativitätstechniken: Brainstorming, Brainwriting, Mind Mapping, morphologischer Kasten. Abwägung von vor und Nachteilen, Zeitbedarf. Rolle und Aufgaben des Moderators.

7.0 Anlage: Muster Infoblatt

Teilnehmerinformation für Präsentation und Fachgespräch:
Die Prüfung besteht aus einer Präsentation sowie einem Fachgespräch und dauert insgesamt ca. 30 Minuten.
Anhand einer schriftlich formulierten Situationsaufgabe erstellen Sie eine Präsentation. Der Inhalt der Aufgabe wird überwiegend zum Handlungsbereich „Führung und Zusammenarbeit" und den unmittelbar angrenzenden Themen des Personalmanagements gehören. Die Aufgabenstellung wird aus einer Liste von Themen nach dem Zufallsprinzip gezogen und Ihnen in einem Vorbereitungsraum ausgehändigt. Mit der Präsentation sollen Sie Ihre Fähigkeit beweisen, eine betriebliche Problemstellung adäquat zu analysieren und einer sinnvollen Lösung zuzuführen.
Zur Erstellung der Präsentation stehen Ihnen 30 Minuten zur Verfügung. Im Vorbereitungsraum sind Folien, Flipchartpapier, Pinnwandkarten, Moderationskoffer sowie Schreibpapier vorhanden. Als Hilfsmittel sind Schreibzeug, Lineal sowie ein netzunabhängiger, nicht kommunikationsfähiger Taschenrechner zugelassen. Computer stehen nicht zur Verfügung.
Die anschließende Präsentation vor dem Prüfungsausschuss soll ca. 10 Minuten dauern. Tageslichtprojektor, Tafel, Pinnwand und Flipchart-Ständer stehen bereit. Weitere ca. 20 Minuten entfallen auf das Fachgespräch. Ausgangspunkt dafür ist die schriftliche Aufgabenstellung bzw. Ihre Präsentation. Es können jedoch auch alle anderen Themen Gegenstand werden, die bei einem/einer „Geprüften Wirtschaftsfachwirt/in" als bekannt und gewusst im Sinne des Rahmenstoffplans vorausgesetzt werden. Kriterium der Bewertung ist dabei nicht nur die gezeigte Sachkenntnis, sondern auch die Fähigkeit, überzeugend zu präsentieren und in angemessener Weise mit Gesprächspartnern zu kommunizieren.

Teil B - Unternehmensführung

1 Betriebsorganisation

1.1 Unternehmensleitbild

Rahmenbedingungen:
- Gesellschaft
- Politik
- Recht
- Wirtschaft; Markt

Bereiche der Unternehmenspolitik:
- Produktpolitik   *product*
- Kontrahierungs- (Preis-)politik   *price*
- Distributionspolitik   *place*
- Kommunikationspolitik   *promotion*
- Finanzpolitik
- Personalpolitik

Produkt-, Preis-, Distributions- und Kommunikationspolitik stellen das Instrumentarium des Marketing dar   *4 P's*

Orientierung an Interessen der Anteilseigner („**shareholder**") aber auch aller anderen am Unternehmen Interessierten (Mitarbeiter, Kunden, Lieferanten, öffentliche Stellen; „**stakeholder**")

Corporate Governance
Verhaltensregeln für Mitarbeiter, besonders Führungskräfte, abgeleitet aus ethisch begründeten Grundregeln; entstanden u.a. zum Unterbinden von Korruption.

Leitbild – Inhalt:
- Vision; allgemeines Ziel;
- Selbsteinstufung in den Rahmenbedingungen;
- grundlegende Werte des Unternehmens;
- generelle Strategie;
- Identität, Bedeutung der Mitarbeiter;
- Potential des Unternehmens.

Leitbild – Funktionen und Beispiele:
Integration (Basis für Gemeinsamkeits-Gefühl)
Entscheidung (Handlungsnormen)
Orientierung (Wertvorstellungen)
Koordinierung (Übereinstimmung der Instanzen)

Corporate Identity
Stilisierung des Unternehmens zu einer eigenen „Persönlichkeit" mit einem erkennbaren Charakter und typischen Profil durch ein klares Selbstbild. = spezifische Identität
Enthält einheitliche Regelungen zu
Corporate Design (Erscheinungsbild): Farbe; Schrift; Logo
Corporate Behaviour (Verhalten): Umgang mit Geschäftspartnern und Mitarbeitern im Einklang mit den Normen des Leitbildes. Umgangston, Werte, Kultur
Corporate Governance (Führungsgrundsätze; s.o.): Transparenz; Unbestechlichkeit
Corporate Communication (Kommunikation): Sprachstil, Ausdrucksweise; Anzeigen, Slogans, Messen, Plakate

Ziele: Inhalte
Quantitative = unmittelbar in Zahlen auszudrücken
Qualitative = auf Merkmale bezogen, nur auf Umweg in Zahlen auszudrücken.

SMART =
Spezifisch (präzise; klar abgegrenzt)
Messbar (quantitative Kriterien auch bei qualitativen Zielen für Soll-Ist-Vergleich, Kontrolle der Zielerreichung)
Attraktiv (auch: akzeptiert; anspruchsvoll)
Realistisch (erreichbar aber „sportlich")
Terminiert (Festlegung eines Zeitrahmens bzw. Zeitpunkts)

Zielbeziehungen
Zwischen verschiedenen Zielen besteht ein Verhältnis der
Zielkonkurrenz = Ziele widersprechen sich; Maßnahmen zur Erreichung des einen Ziels erschweren das Erreichen des anderen;
Zielneutralität = zwischen den Zielen bestehen keine Abhängigkeiten oder Wechselwirkungen;
Zielharmonie (auch: Zielkomplementarität) = Ziele ergänzen sich.

Es können Konflikte entstehen zwischen den verschiedenen Aspekten des gleichen Ziels:
- **Sachziel** (was soll erreicht werden)
- **Terminziel** (wann soll es erreicht werden)
- **Kostenziel** (mit welchen Ressourcen soll es erreicht werden)

[Handgezeichnetes Dreieck: Kostenziel (oben), Sachziel (unten links), Terminziel (unten rechts)]

1.2 Planung: strategisch und operativ

Planung ist *gedankliche Vorwegnahme von Entscheidungen unter Unsicherheit bei unvollständiger Info*
- ein Prozess
- über mehrere Phasen, der
- zukunftsbezogen und damit
- unter Unsicherheit
- der Lösung von Problemen und/oder
- dem Gestalten der Zukunft dient und entsprechende
- Handlungsinformationen liefert.

Planungshorizonte und Beispiele
strategisch = langfristige grundlegende Ziele (was soll erreicht werden?), die von der Geschäftsführung, dem top management vorgegeben werden; Zeitraum z.T > 5 Jahre. Beispiele: Marktposition; Produktentwicklung; neue Märkte. *SGE, SGF*
taktisch = mittelfristige Teilziele (in welchen Etappen soll es erreicht werden?), die vom Middle Management aus den langfristigen Zielen abgeleitet werden; Zeitraum z.T. ca. 2 – 5 Jahre. Beispiele: Marktforschung, Testmarkt; Werbeplan.
operativ = kurzfristige Maßnahmen, Prozess-Steuerung (wie soll es erreicht werden?) durch das lower management zur Umsetzung der Teilziele; Zeitraum von tagesaktuell bis 1 Jahr. Beispiele: Werbemaßnahmen; Druckaufträge; Schulungsmaßnahmen. *Liquidität, Ertrag*

Strategische Planung: Instrumente
- Produktlebenszyklus;
- Portfolioanalyse;
- Benchmarking;
- SWOT-Analyse.

Management - Regelkreis:
Ziel setzen - planen - organisieren - durchführen - kontrollieren

Teil B - Unternehmensführung

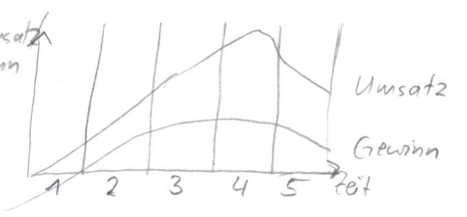

Produktlebenszyklus

Unterteilung der „Lebensgeschichte" eines Produkts in verschiedene Phasen, die nach verschiedenen **Kriterien** voneinander abgegrenzt werden. Als Kriterium verwendet werden u.a. Umsatz, Rate des Umsatzwachstums, Marktanteil, Marktwachstum, Deckungsbeitrag oder Gewinn.

Phasen sind in den meisten Modellen:
1 - Einführung (Verlust; hohes Umsatzwachstum)
2 - Wachstum (Erreichen der Gewinnzone; gleichbleibendes Umsatzwachstum)
3 - Reife (sinkende Gewinnrate; Abschwächung des Umsatzwachstums durch Annäherung an die Sättigungsgrenze)
4 - Sättigung (weiter sinkende Gewinne; sinkender Umsatz)
5 - Degeneration (Gewinn gegen Null, evtl. Verlust; Entscheidung über Elimination)

Portfolioanalyse (BCG) in der Version der Boston Consulting Group
Darstellung der Produkte bzw. Produktgruppen in einem Koordinatensystem aus Relativem Marktanteil (Abszisse) und Marktwachstum (Ordinate). Festlegung der Skala in Abhängigkeit von Extremwerten. Nach Halbierung beider Reihen ergibt sich eine Vier-Felder-Matrix.

Marktwachstum > Schnitt	**Question Marks**	**Stars**
Marktwachstum < Schnitt	**Dogs** (poor)	**Cash Cows**
	Marktanteil niedrig	Marktanteil hoch

Normstrategien für die verschiedenen Phasen unterscheiden sich in Abhängigkeit von Wachstumsperspektiven und Strategien, sind damit verbunden mit der Portfolioanalyse:
Question Marks (Fragezeichen; Einführungs- oder Wachstumsphase): entweder investieren, um den Marktanteil zu erhöhen, oder zurückziehen
Stars (Sterne; Wachstumsphase): investieren, um Position zu ntwickeln bzw. zu verteidigen
Cash Cows (Milchkühe; Reife- oder Sättigungsphase): nur Erhaltungsinvestitionen; Gewinn abschöpfen zur Finanzierung der anderen
Dogs (arme Hunde; Sättigungs- oder Degenerationsphase): entweder eliminieren oder bei positivem Deckungsbeitrag oder Synergieeffekten mit anderen Produkten oder aus Imagegründen am Leben halten.

Benchmarking
Im Wortsinne Bezug von Unternehmensdaten auf externe Vergleichsgrößen als Kriterien zur Beurteilung; im engeren Sinne Orientierung der eigenen Werte an denen des Besten mit dem Ziel, diesen mindestens zu erreichen.

SWOT-Analyse
Kunstwort aus **S**trengths, **W**eaknesses, **O**pportunities, **T**hreats. Zusammenfassende Betrachtung interner Fähigkeiten (Stärken und Schwächen) und externer Einflussfaktoren (Chancen und Risiken) zur Beurteilung vor allem bei Expansionsplänen.

Operative Planung: Werkzeuge
Gegenstromplanung = Verbindung von deduktiver („top down") und induktiver Planung („bottom up"). „**top down**" = Zielvorgabe von oben zur schrittweisen Konkretisierung durch nachgeordnete Instanzen; „**bottom up**" = Sammlung von Vor-

Teil B - Unternehmensführung

schlägen, Maßnahmen u.ä.m. zur schrittweisen Zusammenfassung und Verallgemeinerung durch übergeordnete Instanzen.

Probleme
top down: fehlende Detailkenntnisse; Zeitdruck
bottom up: fehlender Gesamtüberblick
Gegenstromverfahren: zeitaufwendig
Kontrolle – Schritte:
1. Fixierung quantitativer Soll-Zustände;
2. Feststellung der Ist-Werte;
3. Soll-Ist-Vergleich;
4. Analyse der Abweichungen;
5. Festlegung von Maßnahmen.

Make-or-buy
Kennzahlen
d. BW:
Finanzanalyse
Rentabilität
Ergebnis

Kontrolle durch Daten des **Rechnungswesen**s
Deckungsbeitragsrechnung: Analyse eines Produkts bzw. einer Produktgruppe, eines Leistungsangebots darauf, ob über die Deckung der zuzurechnenden variablen Kosten hinaus ein Beitrag zur Deckung der Fixkosten geliefert wird.
Break-even-Analyse: Ermittlung der Ausbringungsmenge, ab der die Summe der Stückdeckungsbeiträge die Fixkosten übersteigt und damit die Gewinnzone erreicht wird.

Managementsysteme (Bereiche)
Themen, Bereiche:
- Qualitätsmanagement
- Umweltmanagement
- Datenschutz
- SIcherheitsmanagement

IMS =
→ integrierte Managementsysteme
2 od. mehrere einzelne MS
→ Synergieeffekte u.
Ressourcen bündeln
(Vermeidung Doppelarbeit,
Kosten senken)

Komponenten der Managementsysteme
- **Führung**: Wahrnehmung der Verantwortung; Motivaton der Mitarbeiter; Delegation von Aufgaben; Kontrolle

- **prozessübergreifende Maßnahmen:** Audits, Dokumentation
- **prozessbegleitende Maßnahmen:** flankierende Tätigkeiten zur Absicherung oder Unterstützung des Prozesses wie Prüfung von Verträgen.

Audit („Anhörung")
Normierte (DIN ISO 19011), also standardisierte systematische Vorgehensweise zur Bewertung von Abläufen und Strukturen durch Ist-Analysen und/oder Soll-Ist-Vergleiche. Im Fokus steht der exakt dokumentierte Nachweis einer genauen Einhaltung vorgegebener Methoden und Kriterien. Ziel ist allgemein, eine sichere Basis zur Leistungsverbesserung bzw. Stabilisierung des Leistungsniveaus zu erhalten.

Audit: Ziele
- Qualitätsverbesserung der Resultate des betrieblichen Leistungsprozesses;
- Sicherstellen eines gleichmäßig optimierten Ablaufs der Prozesse;
- stetige zuverlässige Erfüllung von Kundenanforderungen;
- stetige zuverlässige Einhaltung der aus einer Zertifizierung folgenden formalen Anforderungen.

Audit: Arten nach Durchführenden
Erstparteien-Audit = vom Unternehmen selbst oder in seinem Namen durchgeführt (intern);
Zweitparteien-Audit = von Partnern (Kunden, Lieferanten) auf Grund vertraglicher Vereinbarung durchgeführt (extern);
Drittparteien-Audit = von unabhängigen Organisationen im Auftrag des Unternehmens durchgeführt (extern) – meist zur Erlangung einer Zertifizierung.

Auditoren – Anforderungen (ISO 19011)
- Diskretion, Wahrung der Vertraulichkeit;
- wahrheitsgemäße und exakte Berichterstattung;
- Sorgfalt und Qualifikation;
- Unabhängigkeit und Objektivität;
- nachvollziehbare und rationale Vorgehensweise.

Audit: Management-Aufgaben
- Benennung eines Beauftragten *QM- Beauftragter*
- Interne Kommunikation der Bedeutung
- Festlegung der grundsätzlichen Orientierung
- Verankerung der erforderlichen Maßnahmen
- Festlegung quantifizierter Ziele
- Durchführung der Bewertungen
- Bereitstellung der Ressourcen

KVP = Kontinuierlicher Verbesserungs-Prozess:
Weiterentwicklung bzw. Adaption von KaiZen. Ziel ist eine permanente (nicht nur schubweise) Optimierung aller Prozesse durch Verbesserung der Qualität, Effizienzsteigerung des Prozesses selbst und höhere Motivation und Qualifikatin der Mitarbeiter.

Qualitätsmanagement (QM) *DIN EN ISO 9001: 2008*
Anforderungen niedergelegt in den Normen ISO 9000 ff. Im Mittelpunkt steht **Prozessvalidierung** = Prüfung eines Prozesses auf hinreichende Zuverlässigkeit zur dauerhaften Erfüllung der Anforderungen. - **Dokumentation muss enthalten:**
- Qualitätspolitik und –ziele;
- QM-Handbuch;
- QM-Verfahren;
- Dokumente zur Sicherstellung der Planung, Durchführung und Lenkung der Prozesse,
- laufende Aufzeichnungen des QM.

Das **QM-Handbuch** muss stets aktualisiert werden incl. der Dokumentation von Änderungen mit dem Zeitpunkt.

Umweltmanagement
ISO 14001 : 2004
Basis DIN ISO 14000; EMAS (=Eco-Management and Audit Scheme).
- europäische Öko-Audit-Verordnung
- EU-Gültigkeit
- Register d. IHK + Amtsblatt d. EU

Grundsätze
Vorsorgeprinzip: Einsatz von Maßnahmen zur Vorbeugung gegen das Auftreten von Umweltschäden.
Verursacherprinzip: Kosten für die Beseitigung von Umweltschäden sind von dem zu tragen, der für den Schaden verantwortlich zu machen ist.
Kooperationsprinzip: Mitwirkung aller Betroffenen (öffentliche Hand, Unternehmen, Einwohner) bei Entscheidungen und Maßnahmen zum Schutz der Umwelt.
Gemeinlastprinzip: Wenn das Verursacherprinzip nicht greift (Verursacher nicht feststellbar; nicht mehr rechtlich existent), muss die Allgemeinheit die Kosten der Beseitigung von Umweltschäden tragen.

Umweltauditgesetz als Umsetzung der EMAS regelt:
- Umweltbetriebsprüfung;
- Anforderungen an Gutachter und deren Zulassung;
- Registrierung im EMAS-Register;
- Erteilung von Fachkenntnisbescheinigungen;
- Aufsicht über Gutachter.

Umwelterklärung
Genaue Bezeichnung des Unternehmens – Aufstellung aller umweltrelevanten Tätigkeiten – Daten über Verbrauchswerte und Emissionen – Bezeichnung der Verantwortlichen.

Datenschutzmanagement
Maßnahmen zur Sicherung der Integrität, Vertraulichkeit, Verfügbarkeit, Authentizität der Daten des Unternehmens. Vorrangiges Ziel: Schutz personenbezogener Daten.
Maßnahmen:
- organisatorische zum Ablauf und Zugriff;
- Zutrittskontrolle;
- Zugriffskontrolle;
- Weitergabekontrolle;
- Schutz der Netze.

Sicherheitsmanagement
Gegenstand kann sein der Arbeitsschutz, aber auch generell der Bereich bestimmter technischer Systeme, die mit besonderen Sicherheitsrisiken verbunden sind. Teilweise ist die Bestellung von Mitarbeitern zu **Beauftragten** für den entsprechenden Gefahrenbereich vorgeschrieben:
- Sicherheitsbeauftragte;
- Gefahrgutbeauftragte;
- Gefahrenstoffbeauftragte;
- Immissionsschutzbeauftragte.

1.3 Aufbauorganisation

Gegenstand der Aufbauorganisation ist die Regelung von Hierarchien und Funktionen. Im Besonderen: *Betriebsaufbau*
Aufgaben nach Zuständigkeitsbereichen
- Entscheidungs- und Anweisungsbefugnisse
- Über- und Unterstellung
- Zusammenarbeit, Vertretung

legt Stellen, zuständig- keiten, Ebenen fest

Anforderungen an die Organisation:
- Zweckmäßigkeit (ergebnisorientiert)
- Wirtschaftlichkeit (sparsam)
- Übersichtlichkeit (knapp und präzise)
- Dauerhaftigkeit (verlässlich; länger gültig)
- Flexibilität (anpassungsfähig)

Grundlage für die Organisation des Aufbaus: Bildung von Stellen; Mittel ist die Aufgabenanalyse.

Aufgabenanalyse

Gliederung sachlich: Funktion / Verrichtung od. Objekt

Die Aufgabenanalyse ermittelt alle tatsächlich ausgeübten bzw. erforderlichen Verrichtungen und Tätigkeiten. Dabei erfasst sie zu jeder Tätigkeit eine Reihe von Merkmalen, die für die Zuordnung der Tätigkeiten zu Stellen wichtig sein könnten.

Merkmale:
Objekt (auf welche Produkt- oder Kundengruppe bezieht sich die Tätigkeit) *(Regionen, Personen)*
Hilfsmittel (was ist zur Ausführung der Tätigkeit erforderlich)
Ort (wo ist die Tätigkeit auszuüben)
Rang (Stellung in der Hierarchie)

Funktion: Zerlegen in Teilfunktionen

Informationsbeschaffung

Zur Feststellung des Ist-Zustandes bei den Mitarbeitern können (entsprechend den Methoden in der Primärforschung) eingesetzt werden:

Teil B - Unternehmensführung

Fragebogen: leicht durchführbar; geringer Zeitbedarf für Durchführung; Rücklauf muss kontrolliert werden; Gefahr von Missverständnissen der Fragen; Situation bei Beantwortung der Fragen unbekannt.

Interview: Erläuterung von Fragestellung möglich; direkter Rücklauf; Beeinflussung durch Interviewer; zeitaufwendig.

Aufgabensynthese
= Zusammenfassung von Teilaufgaben nach den bei der Analyse festgestellten Merkmalen zu Stellen. *(organisat. Einheiten)*
Orientierung des Umfangs der Aufgaben an dem, was ein durchschnittlicher Stelleninhaber zu leisten vermag.
Die Stellenbildung sollte prinzipiell **sachbezogen** erfolgen. Eine **personenbezogene** Organisation stellt ab auf die speziellen Möglichkeiten eines bestimmten Person.

Stelle: kleinste betriebl. Orga-Einheit

Stellen: Kompetenzen
1. Ausführungskompetenz
2. Verfügungskompetenz
3. Antragskompetenz
4. Entscheidungskompetenz
5. Anordnungs- (=Weisungs-) kompetenz
6. Mitsprachekompetenz
7. Stellvertretungskompetenz

Instanzen (= **Leitungsstellen**) sind übergeordnete Stellen mit Entscheidungs- und Weisungskompetenz. ≠ *Ausführungsstellen (ohne Leitungsbef.)*

Leitungsspanne — **Kontrollspanne** (Leitungskapazität) = Anzahl der nachgeordneten Stellen, die von einer Instanz angeleitet und geführt werden kann. *direkt weisungsgebunden*

Zentralisierung
Zusammenfassung von Aufgaben nach Tätigkeit oder Objekt oder erforderlicher Entscheidungsgewalt.

Hierarchie:
Top: Vorstand, GF, Inhaber
middle: Bereichs-, Ressort-, Abtlg.-
lower: Meister, Gruppenleiter

Instanzentiefe: versch. Rangebenen
breite: gleiche -"-
Leitungsebene: Managementebene

Vorteile:
Höhere Spezialisierung; Rationalisierungspotential; besserer Überblick der Geschäftsführung; einheitliche Entscheidungen; klarer Entscheidungsprozess.

Nachteile:
Geringere Flexibilität; größerer Zeitbedarf; höherer Kommunikationsaufwand; geringere Detailkenntnisse; Demotivation dezentraler Entscheidungsträger.

Stellenbeschreibung

Gliederung und Inhalt der Stellenbeschreibung sind nicht genormt. Enthalten sollte sie:

1. Stellenbezeichnung
2. Ziel als allg. Handlungsanweisung
3. Grundlegende Aufgabenstellungen / Kompetenzen
4. Über-/Unter-Stellung
5. Entscheidungsbefugnisse
6. Gegenseitige Stellvertretungen
7. Kooperationspflichten
8. Anforderungen an Stelleninhaber < fachlich / persönlich

(Randnotizen: Beschreibung I. d. Aufgaben; Anforderungsprofil II.)

Beigefügt oder integriert werden können z.B. ein Organigramm des Unternehmens oder Merkmale der für diese Stelle gültigen Tarifgruppe.

Zweck bzw. Vorteil von Stellenbeschreibungen kann sein:
Grundlage für Eingruppierungen; Vermeidung sowohl von Kompetenzüberschreitung als auch von Drückebergerei; Transparenz der Zuständigkeiten; Grundlage für Personalbeurteilung; Basis für Personalentwicklung.

Organisationsformen

Gliederungsprinzipien

- nach Tätigkeitsbereichen = funktionale Gliederung
- nach Gleichartigkeit der „Objekte" (Kundengruppen; Produktgruppen; Regionen) = objektbezogene Gliederung

Die Benennung erfolgt normalerweise nach dem Prinzip, dass auf der 2. Hierarchie-Ebene, also der 1. unterhalb der Geschäftsführung angewendet wird.
Bei Gliederung nach Objekten mit ein oder zwei verbleibenden zentralen Funktionsbereichen: Spartenorganisation.
Bei gleichzeitiger Anwendung beider Prinzipien: Matrixorganisation (s.u.)

Liniensysteme
Einliniensystem: Für jede Stelle gibt es nur einen disziplinarischen und fachlichen Vorgesetzten („ Einheitlichkeit der Unterstellung").
Vorteile: Klare Weisungsbefugnisse und Zuständigkeiten; Transparenz für Mitarbeiter
Nachteile: Bei vielen Stufen Schwerfälligkeit; Informationsverlust durch lange Kommunikationswege;
Problem der „Kontrollspanne" für obere Stufen.

Stabliniensystem: Integration von Stellen mit bes. Fachkompetenz; Zuordnung dieser Stellen als „Stab" zu Führungsstellen mit beratender und unterstützender Aufgabe.
Vorteile: Entlastung oberer Instanzen; bessere Fundierung von Entscheidungen
Nachteile: unklare Kompetenzverteilung zwischen Stab und Linie; inoffizielle Macht der Experten; Interessenkollisionen zwischen Linie und Stab; zusätzliche Kosten.
Hinweis: Die Vor- und Nachteile des Ein-Linien-Systems bleiben erhalten, gelten also ebenfalls!

Mehrliniensystem: Anweisungen durch jeweils sachlich zuständige Stelle.
Vorteile: Wegfall bzw. Kürzung des Instanzenweges; kompetentere Entscheidungen; schnellerer Informationsfluss.

Nachteile: Gefahr von Kompetenzüberschneidungen; Interessenkonflikte zwischen beteiligten Führungskräften; Überforderung der mehrfach unterstellten Mitarbeiter; Loyalitätskonflikte.

Spartenorganisation: Gliederung des Unternehmens nach Objekten (Produktgruppen; Kundengruppen; Märkten) in wirtschaftlich weitgehend selbständige Geschäftsbereiche (Sparten; divisions), wobei meist einige funktionale Zentralbereiche (EDV; Einkauf) erhalten bleiben oder mit ihren Dienstleistungen als selbständig agierende Einheiten geführt werden, die ihre Leistungen an die anderen Sparten verrechnen.

(Randnotiz: Sparte Öl, Kohle, Holz)

Matrixorganisation: Gleichzeitige Strukturierung des Unternehmens nach funktionaler Gliederung und nach Objekten (s.o.) Meist disziplinarische Zuordnung in der funktionalen Linie; fachliche Zuordnung (auch) nach Objekt.
Vorteile: Flexibilität; kompetentere Entscheidungen; größere Markt- / Kundennähe.
Nachteile: Gefahr von Kompetenzüberschneidungen; Interessenkonflikte zwischen beteiligten Führungskräften; Überforderung der mehrfach unterstellten Mitarbeiter; Loyalitätskonflikte.

Cost-Center: Geschäftsbereich oder Unternehmenseinheit mit eigener Kostenverantwortung. – **Profit-Center:** zusätzlich mit eigener Ergebnisverantwortung; bedeutet hohes Maß an Selbständigkeit bzw. setzt dies voraus.

Organisationsentwicklung (change-management)
Frühzeitige Information und Einbeziehung der Mitarbeiter.
Vorteile: höhere Akzeptanz; Nutzen der Erfahrung und Detailkenntnisse der Mitarbeiter; frühzeitige Umstellung.
Nachteile: Zeitaufwand; Überforderung.

Teil B - Unternehmensführung

1.4 Ablauforganisation

Regelung der Prozesse innerhalb der Aufbauorganisation durch Festlegungen für das Zusammenwirken von:
verschiedenen Menschen mit
erforderlichen Sachmitteln
im zeitlichen Ablauf
ergebnisorientiert und nach dem
„ökonomischen Prinzip"

Einfache Ablauffolge: Ende – Anfang – Beziehungen zwischen den Tätigkeiten; jede Tätigkeit setzt auf die vorangegangene auf und schliesst sich zeitlich und sachlogisch an sie an.
Komplexe Ablauffolge: zeitliche Überlappung oder Gleichzeitigkeit von mindestens zwei Vorgängen, die auch unterschiedliche Dauer haben können.

Graphische Darstellungen
Balkendiagramm
Visualisierung der Zeitdauer einfacher Vorgänge durch die Länge der Balken, z.B. Urlaubszeiten der Mitarbeiter einer Abteilung.
Flussdiagramm
Darstellung der logischen Folge eines Ablaufs, incl. Verzweigungen in Abhängigkeit von Antwort auf Ja/Nein-Fragen, z.B. Gesprächsführung bei einem Interview.
Netzplantechnik
Visualisierung eines kompletten Projektablaufs durch Darstellung aller Tätigkeiten in graphischem Symbol (Kreis oder Rechteck) und ihre Verbindung. Für jede Tätigkeit muss mindestens angegeben sein:
- laufende Nummer der Tätigkeit, normalerweise vergeben nach zeitlicher Folge der Starttermine, zur eindeutigen Identi-

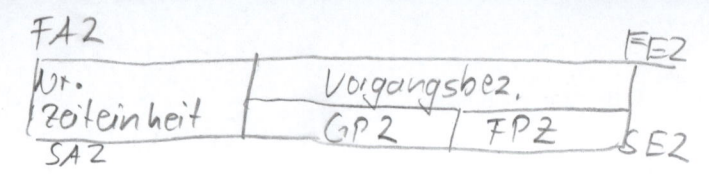

fikation, eventuell auch zum Auffinden in einer Legende der Erklärungen;
- frühester Starttermin, der sich aus Vorgängertätigkeiten oder auch der Verfügbarkeit von Ressourcen ergibt;
- spätester Starttermin, der sich aus Zeitbedarf für die Tätigkeit und dem Starttermin für nachfolgende Tätigkeiten ergibt;
- Zeitdauer der Tätigkeit.
Bei gleichzeitigen Tätigkeiten ergibt sich für die von kürzerer Dauer ein Zeitpuffer. Die Abfolge der Tätigkeiten ohne Zeitpuffer ergibt den kritischen Pfad: jede Verschiebung verursacht auch eine Verschiebung des Endtermins.

1.5 Analysemethoden

Analysetechniken (Details unter 1.2)
- Produktlebenszyklus
- Portfolio-Analyse
- Benchmarking
- SWOT-Analyse
- ABC-Analyse
- Szenario-Techniken

ABC-Analyse
Sortierung eines Datenbestandes (Kunden; Lieferanten; Warengruppen) absteigend nach quantitativer Bedeutung (Umsatz; Deckungsbeitrag; Volumen) zur anschließenden Bildung von Gruppen, wobei etwa die größten **A** 20% ca. 80% des Volumens ausmachen (Pareto-Prinzip), die nächsten **B** 30% ca. 15% und die restlichen **C** 50% die restlichen 5%.

Szenario-Techniken
Bei langfristigen Planungs- und Prognoseaufgaben Definition einer Bandbreite zwischen „worst case" und „best case", in

der mit unterschiedlichen Wahrscheinlichkeiten die künftige Entwicklung erwartet werden kann.

Problemanalyse
Standardisierte Ermittlung der Ursachen für Entwicklungen, Abweichungen, Fehler. Nach **Ishikawa** in der Reihenfolge:
- Menschen
- Maschinen
- Material
- Methoden
- Milieu
- Messung
- Management

= Ursache-Wirkungs-Diagramm

FMEA = Fehlervermeidung in der Entwicklung (System, Konstruktions, Prozess)

Kontrollsysteme
- Soll-Ist-Analysen
- Kostenrechnung
- Rentabilitätskennziffern *(siehe unten)*

Statistik
deskriptive: Erhebung, Aufbereitung, Auswertung von Daten; „beschreibend"
analytische: Erkennen von Trends und Gesetzmäßigkeiten; „untersuchend"
Stochastik: Analyse durch Zufall beeinflusster Datenreihen; Wahrscheinlichkeitsrechnung

Wichtigste **Kennziffern** zu Zahlenreihen:
Mittelwerte:
Arithmetisches Mittel = Durchschnitt
Modus = häufigster Wert
Median = mittlerer Wert
Grenzwerte (Minima, Maxima)
Streuungsmaße (Standardabweichung, Varianz)

Kennziffern
Break-even
2009 Herbst; Aufg. 3
Ermittlung der Absatzmenge und damit auch des Umsatzes, bei dem die Erlöse die Gesamtkosten decken. Geringere Menge = Verlustzone; größere Menge = Gewinnzone.

Rentabilität
Betriebswirtschaftliche Kennziffern zur Beurteilung des Gewinns im Verhältnis zum eingesetzten Kapital. Berechnet werden sie als **Eigenkapital-R.** (Gewinn / Ek) und **Gesamtkapital-R.** (Gewinn + Fremdkapitalzinsen / Gk).

2 Personalführung

Aufgaben des Personalmanagement:
Personalplanung
Personalführung
Personalcontrolling
Personalmarketing
Personalauswahl
Personalbeschaffung
Personalentwicklung
Personalentlohnung
Personalverwaltung
Personalfreisetzung

Problemfelder:
- Mobbing
- Diskriminierung
- Besetzungsprobleme
- Offene Konflikte

2.1 Unternehmensziele und Personalpolitik
Einflussfaktoren intern:
Unternehmenskultur; Leitbild des Unternehmens; Regelungen zur Corporate Identity, hier v.a. Corporate Behaviour.
Einflussfaktoren extern:
Gesellschaftsordnung
Politische Ordnung
Rechtsordnung
Wirtschaftsordnung

Zielvereinbarung: Vorgehen
1. Ist-Analyse
2. Zielsetzung
3. Information
4. Planung
5. Organisation
6. Durchführung
7. Kontrolle
8. Rückkopplung.

(Achtung: hierzu existieren viele verschiedene Varianten, die sich nicht nur in der Anzahl der Elemente, sondern z.T. auch in der Reihenfolge unterscheiden!)

Identifikation
Mögliche Ursachen für mangelnde emotionale Bindung:
- lückenhafter Informationsfluss;
- keine Einflussmöglichkeit;
- Gefühl der Vernachlässigung durch Vorgesetzte;
- Eindruck einer ungerechten Behandlung;
- Reaktion auf Überforderung.

Motivation
Maßnahmen:
- Verbesserung der internen Kommunikation / Information; - - Möglichkeiten für Mitarbeiter zur Stellungnahme;
- Mitwirkung der Mitarbeiter durch Vorschlagswesen;
- Angebote für Fortbildung;
- Einführung einer Umsatzbeteiligung;
- Prämien bei Zielerreichung;
- Durchführung von Gemeinschaftsveranstaltungen, Events.

Teil B - Unternehmensführung

2.2 Führungsarten

Anforderungen an Führungskräfte:
- Führungsautorität
- -Konfliktlösungsfähigkeit
- Delegationsfähigkeit
- Kommunikationsfähigkeit
- Empathie
- Lernfähigkeit
- Anpassungsfähigkeit

Motivation auf Basis der **Bedürfnispyramide nach Maslow:**
Existenzbedürfnisse (physiologische Bedürfnisse) Grund bedürfnis
Sicherheitsbedürfnisse
soziale Bedürfnisse , soz. Kontakte
Persönliche Bedürfnisse , Status, Anerkennung
Selbstverwirklichung

Intrinsisch: um der Tätigkeit selbst willen, aus Freude an der Tätigkeit, Spaß an der Sache
Extrinsisch: um daran geknüpfter Effekte willen wie Prämien, Lob, Ausbleiben von Sanktionen.

Delegation: grundsätzliche Fragen
- Ist der MA fachlich ausreichend qualifiziert?
- Ist vorab eine Schulung oder sonstige Qualifizierungsmaßnahme erforderlich?
- Hat der MA noch ausreichend zeitliche Reserven oder muss er von anderen Aufgaben befreit werden?
- Ist der Mitarbeiter belastbar genug, um die mit der Aufgabe verbundene Verantwortung zu übernehmen?
- Müssen andere Stellen über die Delegation informiert werden?

- Rechtfertigt die Aufgabe eine damit verbundene Leistungszulage?
- Welche Informationen braucht der MA im vorhinein?
- Ist die Aufgabe bisher von jemand anderem erledigt worden, der eine Dokumentation über die Tätigkeit erstellen sollte?
- Muss der MA in zusätzliche Informationswege eingebunden werden?
- Hat der MA alle erforderlichen technischen Voraussetzungen und Hilfsmittel für die Erfüllung der Aufgabe?
- Braucht der MA zusätzliche formale Kompetenzen?

Management-Techniken (auch: Management-Methoden; ~~Führungstechniken~~ –nicht verwechseln mit Führungsstil!)

Führungsmodelle

Allen Methoden gemeinsam ist das Ziel, Führungsebenen zu entlasten und auf die wesentlichen Führungsaufgaben zu fokussieren, indem nachgeordneten Instanzen mehr Aufgabe und Verantwortung übertragen werden. Resultierende Probleme und Aufgaben: Gefahr der Überforderung der nachgeordneten Instanzen; Problem der Organisation einer wirksamen Kontrolle.

1. Harzburger Modell (= Delegation)

2. **Management by Objectives** (MbO)
Führen durch Zielvereinbarungen. Anforderung an Ziele: SMART (Kap. 1.1)
Motivation der Mitarbeiter durch Identifikation mit dem Ziel durch einvernehmliche (schriftlich fixierte) Festlegung der Ziele; Kopplung von Prämien an Zielerreichung. Gefahr von Überforderung oder Überschätzung.

3. **Management by Exception** (MbE) = Eingreifen der Führung bei Abweichung von einem vordefinierten Entwicklungspfad. Entlastung der Führung von Routine um den Preis, nur mit meist negativen Abweichungen befasst zu werden; aufwändige Definition und Abgrenzung.

= nach dem Ausnahmeprinzip

Teil B - Unternehmensführung

[handschriftlich oben: 5. MbD: Ziel setzen, Aufgabe + Kompetenz übertragen (Führung + Befugnisse)]

4. **Management by Systems=** weitgehende Selbstregulierung der einzelnen Systeme im Unternehmen auf Basis EDV-gestützter Verknüpfungen und Rückkopplungen.

Eisenhower-Methode
Unterteilung der Aufgaben nach Wichtigkeit und Dringlichkeit in hoch und niedrig:
Beides hoch – sofort erledigen
Wichtigkeit hoch, Dringlichkeit niedrig – terminieren
Dringlichkeit hoch, Wichtigkeit niedrig – delegieren
Beides niedrig – verschieben / eliminieren

[handschriftliche Matrix: wichtig/dringlich mit Feldern: delegieren WV/Termin | sofort ; PK | Delegieren Rationalis.]

2.3 Führungsstile
Art und Weise, in der ein Vorgesetzter seine Führungsaufgabe erfüllt und seine Mitarbeiter führt

Einfluss-Faktoren:
Unternehmenspolitik
Wertvorstellungen
Entscheidungs-Spielraum
„Niveau" der Mitarbeiter
Einfluss-Faktoren in der **Persönlichkeit der Führungskraft**: Wertvorstellungen; Welt- und Menschenbild; Alter; Erfahrung; Temperament; Selbstbild.
Einfluss-Faktoren in der **Persönlichkeit der Mitarbeiter**: Qualifikation; Art der Motivation; Leistungsbereitschaft; Alter; Erfahrung

(**Führungstechniken**) *Führungsstile*
Autoritärer Führungsstil; Kennzeichen: Entscheidungen durch den Vorgesetzten ohne Rücksprache und ohne Begründung.

Vorteile: klare Regelung des Informationsflusses; einheitliche Anweisungen; klare Zuständigkeit und Verantwortung.
Nachteile: fehlende Teilhabe der Mitarbeiter; rückläufige Motivation der Mitarbeiter; evtl. Überforderung des Vorgesetzten; Gefahr von Fehlentscheidungen.
Geeignet in Funktionsbereichen ohne hohe Anforderungen an Flexibilität und Kreativität wie z.B. Durchführung von Buchungen, Eingabe von Daten ; bei unmotivierten und/oder unqualifizierten Mitarbeitern; bei besonderer Bedeutung einer exakten Erfüllung von Zeit- oder Qualitätsvorgaben. *Feuerwehr, Polizei*

1-dimens. = MA-Beteiligung

Patriarchalischer Führungsstil; eher eine spezielle Ausprägung des autoritären Führungsstils, bei der die besondere Rolle eines charismatischen alleinigen Chefs hinzukommt, der als fürsorglich wahrgenommen wird.
Kooperativer Führungsstil; Kennzeichen: Entscheidungen durch den Vorgesetzten nach Rücksprache mit den betroffenen Mitarbeitern, argumentative Information über Entscheidungen, um Einhaltung aus Überzeugung zu erreichen.
Vorteile: Berücksichtigung aller Aspekte und Erfahrungen; Motivation der Mitarbeiter; qualifizierte Umsetzung.
Nachteile: Zeitbedarf; evtl. Verunsicherung der Mitarbeiter über Autorität des Vorgesetzten.
Geeignet in Funktionsbereichen mit höheren Ansprüchen an Flexibilität und Kreativität; bei motivierbaren und kompetenten Mitarbeitern.
„Laissez-faire"; genau genommen gar kein „Führungs"-Stil sondern das Ausbleiben von Führung durch den Vorgesetzten. Einziger Vorteil: kreative und engagierte Mitarbeiter können sich entfalten.
Situativer Führungsstil *(3-dimensional)*
Kennzeichen: je nach Situation, zu entscheidender Frage, betroffenem Funktionsbereich und Niveau der beteiligten Mitarbeiter (Motivation; Leistungsfähigkeit und Leistungsbereitschaft) mehr autoritäres oder mehr kooperatives Vorgehen.

Person – Sache – Situation

Je höher das Niveau desto kooperativer der Führungsstil. Von Bedeutung für die Wahl des Stils können auch sein: Unternehmenskultur, gesellschaftliches Umfeld, Branche.
Mehrdimensionaler Führungsstil = Kombination aus zwei oder mehr Verhaltensaspekten; z.B. nach Blake / Mouton Kombination aus Personen- und Sachorientierung, jeweils auf einer Skala von 1 – 9. Dementsprechend bedeuten die Extreme: 1.9 = reine Orientierung an den persönlichen Interessen der Mitarbeiter; 9.1 = reine Sachorientierung ohne Rücksichtnahme auf persönliche Faktoren; 1.1 Minimum an Aufwand; 9.9 = hohe Sachorientierung verbunden mit Engagement und persönlicher Identifikation.

Umgang mit Fehlern
autoritär: Bestrafung und Kontrolle
kooperativ: Unterstützung und Anleitung
laissez-faire: Nicht-Beachtung
situativ: Reaktion je nach Reifegrad des Mitarbeiters

2.4 Führen von Gruppen

„**formelle**" Gruppen = durch Anordnung entstanden; Rangordnung vorgegeben.
„**informelle**" Gruppen = durch Gemeinsamkeiten entstanden; Rangordnung nach entstandenen Kriterien.

„Kohäsion"
Zusammenhalt der Gruppe auf der Basis gemeinsamer Normen und Wertvorstellungen; „Wir-Gefühl" von Gemeinsamkeit und Zugehörigkeit. Abhängig von Größe der Gruppe, Kontakthäufigkeit und –dauer, Vorprägung durch frühere Kontakte.

Teamarbeit
Vorteile: Bündelung und Vernetzung von Kenntnissen; gegenseitige Inspiration; Verbesserung des Verständnisses und der Zusammenarbeit über die Phase der Teamarbeit hinaus; Stärkung der sozialen und kommunikativen Kompetenzen der Beteiligten durch Praxis.
Konflikte (siehe auch unten „Konfliktursachen):
Konkurrenz; Überforderung einzelner; Interessenkonflikte.

Projektmanagement
Kennzeichen eines Projekts:
- abgegrenzte einmalige Aufgabe;
- zeitlich begrenzt und terminiert;
- außerhalb der Routinearbeit in der Linienorganisation;
- Bearbeitung durch (meist hierarchiefreies) Team aus Mitarbeitern verschiedener Funktionsbereiche.

Vorteile Projekt:
- Konzentration auf das Problem;
- Bündelung von Kompetenzen;
- Vernetzung von Blickwinkeln;
- höhere Motivation der Beteiligten.
Nachteile Projekt:
- zusätzliche Belastung der Linie;
- Konflikt / Entfremdung zu Linienorganisation;
- Isolation und Akzeptanzprobleme.

Kommunikation in Gruppen:
„sternförmig" = Sammeln und Verteilen der Informationen durch einen Koordinator; typisch für formelle Gruppen.
„netzförmig" = unkoordinierte Kommunikation aller miteinander; Regelfall bei informellen Gruppen.

Phasen der Gruppenbildung:
1. Orientierung (**Forming**): Erste Konfrontation mit Aufgabe und Begegnung mit Team
2. Konflikt (**Storming**): Rangordnungskämpfe; Konflikte um Stellung, Kompetenzen, Ressourcen;
3. Kooperation (**Norming**): Entwicklung gemeinsamer Normen und Werte, Herausbildung eines Wir-Gefühls;
4. Integration (**Performing**): Konstruktive Lösung von Problemen, Fokussierung auf Projektaufgabe.

Rollen im Projekt (formell):
Auftraggeber; Entscheider; Leiter; Fachentscheider; Mitarbeiter.

Typen und Umgang mit Typen:
Mitläufer – anleiten
Außenseiter – integrieren
Informelle Führer, Meinungsführer – kooperieren
Wichtigtuer – limitieren
Saboteure – isolieren
Clown – sinnvoll beschäftigen und nur dann beachten
Verweigerer – beauftragen
Schüchterner – fördern; loben
„Kümmerer" – bremsen

Gesprächsführung – Regeln:
Vertraulichkeit („Vier-Augen-Gespräch"); störungsfreie Umgebung; sachliches Verhalten; respektvoller Umgang; aktives Zuhören; Gelegenheit zu Stellungnahmen; zielorientierte Führung; Anstreben einer einvernehmlichen Vereinbarung.

Ablauf eines Mitarbeitergesprächs:
- Kontaktphase (Begrüßung, Gesprächseröffnung; evtl. Einstieg mit Gemeinsamkeiten am Rande des eigentlichen Themas);
- Orientierungsphase (Benennung des Themas und der generellen Zielsetzung des Gesprächs);
- Analysephase (Sichtung der Informationen; Auswertung zur Erarbeitung eines einvernehmlichen Ergebnisses);
- Lösungsphase (Einigung über weiteres auch zeitliches Vorgehen);
- Abschlussphase (Zusammenfassung, Ausblick).

Konfliktursachen: Uneinigkeit über
Zielsetzung (**Bewertungs-K.**)
Strategie; Wege (**Beurteilungs-K.**)
Mittelverteilung; Zuordnung von Ressourcen (**Verteilungs-K.**)
Persönliche Verhaltensweisen (**Beziehungs-K.**)
Umgang mit Konflikten
Moderation: neutrale Leitung von Besprechungen und Sitzungen mit dem Ziel, Tagesordnung und Regeln einzuhalten und das Ziel der Besprechung zu erreichen.
Mediation: Vermittlung zwischen Konfliktparteien durch einen neutralen Dritten (Mediator).

2.5 Personalplanung

Quantitativ: erforderliche Menge
qualitativ: mit den erforderlichen Qualifikationen.

Aufgaben der Personalplanung:
- Beschaffung
- Einsatz
- Entwicklung
- Kosten
- Anpassung

Ziele der Personalplanung
Analog zu den allgemeinen Zielen der Beschaffung hier:
Personal in der richtigen Menge und Qualität am richtigen Ort zum richtigen Zeitpunkt zu geringsten Kosten.
Richtung der Personalplanung: **Nachfolgeplanung:** frühzeitige Vorbereitung der internen Besetzung einer frei werdenden Stelle. **Laufbahnplanung:** Vorbereitung von Nachwuchskräften auf Führungsaufgaben durch geplante „Karriere", gezielte Förderung und Beförderung.

Rahmenbedingung **demographischer Wandel**
Rückgang der Bewerbungen auf Ausbildungsplätze
Mangel an Fachkräften
Erhöhung des Altersdurchschnitts der Belegschaft (Ausscheiden von Mitarbeitern aus Altersgründen; Verlust von Erfahrung)

Personalbedarf- Arten und Beispiele:
Ersatz-B. – wegen Ausscheiden von Mitarbeitern
Neu-B. – wegen neuer Aufgaben, Anforderungen
Mehr-B. – wegen Arbeitszeitverkürzungen
Reserve-B. – wegen krankheitsbedingter Ausfälle
Nachhol-B. – wegen zuvor nicht besetzter Stellen

§ 92 BetrVG
über Personalmaßnahmen informieren + beraten

Berechnung Personalbedarf: quantitativ
Soll-Stellen + neue Bedarfsstellen − entfallende Stellen
= **Bruttopersonalbedarf** (Stellenbestand)
Ist-Personalstand + Zugänge − Abgänge
= fortgeschriebener **Personalbestand** (Perso bestand)
Bruttopersonalbedarf − Personalbestand = **Nettopersonalbedarf.**
Qualitative Personalplanung: Qualifikationsanforderung d. MA-Bedarfs
Personaleinsatzplanung (Personaldisposition) = Zuordnung der Mitarbeiter zu Stellen und Aufgaben; je nach Planungshorizont zu unterscheiden in kurz-, mittel- und langfristige Planung.
Personaldisposition
Kurzfristig = vorübergehende Zuordnung
Mittelfristig = grundsätzliche Zuordnung
Langfristige Personaleinsatzplanung = Personalentwicklungsplan

Personalkostenarten
Lohnkosten (Zeitlöhne; Akkordlöhne)
Gehaltskosten (tarifliche; außer-tarifliche)
Lohnzusatzkosten (gesetzliche; tarifliche; betriebliche)
Personalkosten für Beschaffung, Verwaltung, Entwicklung.

Instrumente Personalplanung:
Stellenpläne
 ↳ besetzungspläne
Anforderungs- / Eignungsprofil
Stellenbeschreibungen
Leistungs- u. Potentialbeurteilung
Personalstatistiken

Teil B - Unternehmensführung

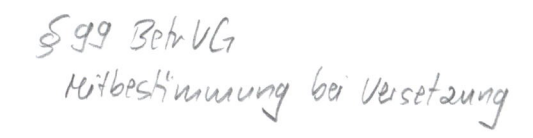

§ 99 BetrVG
Mitbestimmung bei Versetzung

2.6 Personalbeschaffung (Personalmarketing)
- Langfristige Sicherung des Personalbedarfs
- Intern: Entlohnung; Leistungsanreize; Entwicklungsmöglichkeiten; Förderung
- extern: Stellenausschreibungen; Imagepflege

interne Personalbeschaffung
Vorteile: geringere Kosten; schnellere Besetzung; Fähigkeuten der Bewerber bekannt; keine Einarbeitung in die Abläufe; Motivation der Belegschaft durch Aufstiegschancen.
Nachteile: Zurücksetzung nicht berücksichtigter interner Bewerber; Ersatzbedarf für bisherige Stelle des Beförderten; Autoritätsprobleme des Mitarbeiters.

§ 93 kann interne Ausschreibung verlangen
§ 99 ok verweigern, wenn § 93 nicht beachtet.

externe Personalbeschaffung
Vorteile: neue Sichtweisen; externe Erfahrungen und Kenntnisse erwünschte Strukturveränderungen;
Nachteile: Zeit- und Kostenaufwand; Risiko eines Fehlgriffs; längere Einarbeitung.

Ausschreibung
(Grundlage: Allg. Gleichbehandlungsgesetz - AGG)
- Verbot der Benachteiligung wegen:
- Rasse
- Herkunft
- Geschlecht
- Religion / Weltanschauung
- Behinderung
- Alter
- Sexueller Identität

wir sind
-a- haben
-?- suchen
-o- bieten
-?- bitten

Personalauswahl: Grundlagen

Bewerbungsunterlagen:
äußerer Eindruck; Stil; Rechtschreibung; Vollständigkeit und Lückenlosigkeit; Referenzen, Zeugnisse

Testverfahren
Vergleich, Rangordnung bei mehreren Bewerbern; Ermittlung von Niveau der Fachkenntnisse, Allgemeinbildung, Sprachverständnis, Belastbarkeit.

Praktikum
Ermittlung von Anpassungsfähigkeit; persönlichen Eigenschaften.

Bewerbungs- (Vorstellungs-)gespräche
Ablauf: Begrüßung; Vorstellung des Unternehmens; Selbstvorstellung des Bewerbers; ergänzende Fragen an den Bewerber; Fragen des Bewerbers; Information über weiteres Vorgehen, zeitlichen Rahmen; Verabschiedung.
Beurteilung nach: Kommunikationsfähigkeit; Auftreten; Belastbarkeit

*Eignung d. Bewerber -
fachlich + persönlich*

2.7 Personalanpassungsmaßnahmen

Personalabbau direkt (Reduktion durch Entlassungen) :
Vorzeitiger Ruhestand
Altersteilzeit
Aufhebungsverträge

Personalabbau indirekt (Reduktion ohne Entlassungen):
- Abbau von Leiharbeit
- Abfeiern von Überstunden
- Kurzarbeit
- Keine Nachbesetzungen
- Keine Verlängerung von Zeitverträgen
- Keine Übernahmen Auszubildender

Mögliche **Ursachen** für Personalanpassung:
- Markt/Konjunktur
- Fusion / Übernahme
- Out-sourcing
- Standortverlagerung
- Insolvenz (Transfer-, Auffanggesellschaften)

Beendigung von Arbeitsverhältnissen
Rechtsgrundlagen: §§ 620 ff BGB; KSchG
- Aufhebungsvertrag
- Kündigung (Änderungskündigung)
- Befristung (nach Zeit oder Zweck)
- Zweckbefristung
- Anfechtung
- Gerichtsurteil
- Tod

relative Lohngerechtigkeit → kein objektiver Maßstab, aber unterschiedl. Arbeitsergebnisse = unterschiedl. Lohn — " — höhere Anforderungen = different abzt entlohnt

2.8 Entgeltformen

Besondere Entgeltbestandteile:
- Weihnachtsgeld
- Urlaubsgeld
- Provisionen
- Erfolgsbeteiligung
- Sachleistungen

Heirat Gratifikation Dienstjubiläum

Tantiemen Boni Vorschlagswesen

Entgeltformen

Lohn, Gehalt (Tarif, AT)

Zeitlohn: Entgeltzahlung nach Zeitdauer (bei Arbeitern Tag, Schicht, Woche; bei Angestellten meist Monat) mit gleich bleibendem Betrag pro Zeiteinheit. Leistungszulagen und leistungsabhängige (Natural-)Komponenten möglich.

Akkordlohn - Einzel - Gruppe

Leistungslohn (bei Arbeitern auch Akkordlohn): Entgelt in direkter Abhängigkeit von mengenmäßiger Leistung, was Zählbarkeit der Leistung und bekannte Abläufe voraussetzt.

Prämienlohn - Einzel - Gruppe

Vor- / Nachteile: Zeitlohn erfordert keine Leistungsmessung und verursacht keine Einkommensschwankungen, fördert und honoriert aber nicht Leistung.

Mitarbeiterbeteiligung

Freiwillige soziale Leistungen z.B.:
- Verpflegung der Mitarbeiter, Betriebskantine
- Sport- und Freizeiteinrichtungen
- Kinderbetreuung
- Betriebsausflüge.

Mindestlohn + Akkordzuschlag = Akkordrichtsatz

Stückakkord   Zeitakkord

Zeitakk.satz × Minutenfaktor × Stückzahl

Sonderformen: Zuschläge (Nacht, Feiertag, Sonntag, Gefahren) Überstunden → BetrVG!

Teil B - Unternehmensführung

→ langfristige Bestandssicherung d. U

PE = systematische Förderung d. Anlagen u. Fähigkeiten d. MA

3 Personalentwicklung

3.1 Arten der Personalentwicklung

Ausbildung: Erste Vermittlung von Kenntnissen und Fähigkeiten entsprechend der jeweiligen Ausbildungsordnung an Auszubildende.
Fortbildung: Vermittlung von Kenntnissen und Fähigkeiten an Mitarbeiter.
Training: Einüben von Arbeits- / Handlungsabläufen durch Wiederholen.
Coaching: individuelle Betreuung zur Förderung und Entwicklung der Leistungsfähigkeit und Kompetenzen eines einzelnen Mitarbeiters.

Externe Bildungsmaßnahmen – Auswahlkriterien
Referenzliste
Qualifikation der Dozenten
Nachweis der eingesetzten didaktischen Methoden
Technische Ausstattung
Professionelles Qualitätsmanagement
Preis-Leistungs-Verhältnis
Räumliche Nähe
Nebenkosten für Anfahrt, Übernachtung, Verpflegung
Niveau, Tauglichkeit der Unterlagen
Einstufungstests vor den Maßnahmen
Unterstützung bei Umsetzung nach der Maßnahme
Testat, Prüfung, Zeugnis am Ende der Maßnahme

Fortbildungsarten (Ziele und Anlässe):
Erhaltung der beruflichen Fähigkeiten
Anpassung an veränderte berufliche Anforderungen

Weiterentwicklung der Kenntnisse und Fähigkeiten von Mitarbeitern
Aufstieg in der Rangordnung.

Förderung innerbetrieblich
Job-Rotation (= Wechsel der Arbeitsplätze)
Vorteile: Neue Perspektiven; besseres Verständnis für Zusammenhänge
Nachteile: Einarbeitungszeit; Unruhe durch Veränderung
Job-Enlargement (= Erhöhung der Aufgabenmenge auf gleichem Niveau)
Vorteil: Motivation durch Herausforderung
Nachteil: Wahrnehmung als Mehrarbeit
Job-Enrichment: (= „Anreicherung" der Aufgaben; Erhöhung des Anspruchsniveaus)
Vorteil: größere Entfaltungsmöglichkeiten; interessantere Herausforderung
Nachteil: Überforderung.

Training Maßnahmen
On the job = am Arbeitsplatz
Off the job = außerhalb des Arbeitsplatzes
Near the job = im Unternehmen, aber nicht am Arbeitsplatz
Along the job = berufsbegleitend
Into the job = Einarbeitung

Teil B - Unternehmensführung

3.2 Personalbeurteilung

Potentialanalyse
Systematische Erfassung von Stärken, Schwächen und speziellen Eigenheiten der Mitarbeiter unter dem Aspekt, eine objektive Basis für den Einsatz passender Maßnahmen der Personalentwicklung zu gewinnen und/oder eine Beurteilungsgrundlage für die interne Beförderung.
Einheitliches **Schema** mit Aufstellung von verschiedenen Anforderungen bzw. Eigenschaften zur Bewertung auf normierter Skala; zugleich Basis für die Erstellung eines (graphischen) Profils und einen Vergleich der Entwicklung im Laufe der Zeit.
Mögliche Bewertungsfelder in Abstimmung mit in gleicher Weise standardisierten Anforderungsprofilen der verschiedenen Stellen und Arbeitsbereiche:
- Fachwissen;
- Flexibilität;
- Belastbarkeit;
- Teamfähigkeit;
- kommunikative Kompetenzen;
- Gewissenhaftigkeit, Genauigkeit.

Assessment-Center (auch eingesetzt bei Personalbeschaffung)
Gleichzeitige Beobachtung einer Gruppe von Mitarbeitern bzw. Bewerbern (max. 18) durch mehrere Personen zur Beurteilung des Potentials und der Kompetenzen in praxisbezogenen Situationen. Es kann über einen oder auch mehrere Tage gehen und sowohl berufsbezogene Aufgabenstellungen als auch verhaltensorientierte Übungen oder psychologische Testverfahren beinhalten.
Durchführung Schritte:
1. Klärung der Ziele;
2. Analyse der zu beobachtenden Eigenschaften und Fähigkeiten;

3. Auswahl der einzusetzenden Mittel und Übungen;
4. Auswahl und Schulung der Beobachter;
5. Organisation und Durchführung;
6. Evaluation und Controlling des AC.

Beispiele für **Übungen** im Rahmen eines AC:
- Rollenspiele
- Gruppendiskussionen
- Präsentationsaufgaben
- Übungsaufträge
- Selbst- und Fremd-Beurteilungen.
- Postkorb-Übung

Kompetenzen von Mitarbeitern, insbes. Führungskräften
- Fachkompetenz: Kenntnisse im Tätigkeitsbereich;
- Methodenkompetenz: Beherrschen von Entscheidungs- und Führungsmethoden, organisatorischen Techniken;
- Sozialkompetenz: kommunikative Fähigkeiten, Teamfähigkeit;
- persönliche Kompetenzen: Belastbarkeit, Leistungsfähigkeit.

Teil C - Betriebliches Management

1 Betriebliche Planungsprozesse

Träger: Management
Begriffsklärungen:
1. Management als Gesamtheit der Tätigkeiten zur Lenkung und Steuerung eines Unternehmens;
2. Management als der Personenkreis, der diese Tätigkeiten ausübt; nach Hierarchie-Ebene unterschieden in Top-, Middle- und Lower-Management. Idealtypisch werden diesen Ebenen absteigend die folgenden Aufgaben und Entscheidungen zugeordnet:
Top-M. - strategische,
Middle-M. – taktische
Lower-M. - operative.

Management Aufgaben:
"POSDCORB" =
Planung
Organisation
Staffing (Personalmanagement)
Directing
Coordinating
Reporting
Budgetierung

1.1 Zielsystem
Ableitung aus dem Unternehmensleitbild
s. auch Teil B: Unternehmensführung 1.1
Inhalt:
- Vision; allgemeines Ziel;
- Selbsteinstufung in den Rahmenbedingungen;
- grundlegende Werte des Unternehmens;
- Einstellung zu Kunden und Lieferanten;
- generelle Strategie;
- Identität, Bedeutung der Mitarbeiter;
- Grundaussage zum Kommunikationsstil;
- Umgang mit Anforderungen und Problemen;
- Potential des Unternehmens.

Funktionen des Leitbilds:
Orientierung (Wertvorstellungen)
Integration (Basis für Gemeinsamkeits-Gefühl)
Motivationsfunktion
Entscheidung (Handlungsnormen)
Koordinierung (Übereinstimmung der Instanzen)

Zielsystem - Beteiligte und Interessen
Eigentümer: Rendite
Mitarbeiter: Sicherheit; Gehalt
Kunden: Preis-Leistung; Service
Lieferanten: Aufträge; Bezahlung
Öffentliche Hand: Steuern; Arbeitsplätze

Orientierung an Interessen der Anteilseigner („**shareholder**") aber auch aller anderen am Unternehmen Interessierten (Mitarbeiter, Kunden, Lieferanten, öffentliche Stellen; „**stakeholder**")

Zielentwicklung als Prozess:
1. Zielsuche
2. Zielanalyse /-ordnung
3. Machbarkeitsanalyse
4. Zielfestlegung
5. Durchsetzung der Ziele
6. Zielüberprüfung

Zielsuche
Szenariotechnik: Beschreibung der erwartbaren zukünftigen Entwicklung in einer Bandbreite zwischen „best case" und „worst case".
Trendanalyse: Untersuchung gegenwärtiger gesellschaftlicher Entwicklungen darauf, wie weit zu erwarten ist, dass sie auch für zukünftige soziale Zustände von Bedeutung sein werden.
Zielarten
Quantitative = unmittelbar in Zahlen auszudrücken
Qualitative = auf Merkmale bezogen, nur auf Umweg in Zahlen auszudrücken.
monetär; z.B.: Gewinnmaximierung, Kostenminimierung, Umsatzmaximierung, Liquidität
nicht monetär; z.B.: Selbständigkeit, Qualität, Service, Umweltschutz
Unterziele
Teilaspekte, die notwendige aber allein nicht hinreichende Bedingung sein können für die Erreichung des Gesamtziels; z.B. Ziel Kostensenkung – Unterziel: Senken der Materialkosten.
Zielformulierung: SMART =
Spezifisch (präzise; klar abgegrenzt)
Messbar (quantitative Kriterien auch bei qualitativen Zielen für Soll-Ist-Vergleich, Kontrolle der Zielerreichung)

Attraktiv (auch: akzeptiert; anspruchsvoll)
Realistisch (erreichbar aber „sportlich")
Terminiert (Festlegung eines Zeitrahmens bzw. Zeitpunkts)
Andere Auslegungen, Erweiterung zu **SMARTER**:
S = signifikant; simple
M = motivierend; meaningful; manageable
A = achievable (=erreichbar)
R = resourced
T = trackable
E = ecological; ethical
R = reaching.
NICHT Teil der Zielformulierung ist die Angabe der Strategie!
NICHT identisch mit einem Unterziel ist die Maßnahme zur Zielerreichung!

Zielbeziehungen; Zielkonflikte

Zwischen verschiedenen Zielen besteht ein Verhältnis der

Zielkonkurrenz = Ziele widersprechen sich; Maßnahmen zur Erreichung des einen Ziels erschweren das Erreichen des anderen (Beispiel: Reduzierung der Personalkosten – Verbesserung der Servicebereitschaft) [wirtsch. ≠ soziale]

Zielneutralität = zwischen den Zielen bestehen keine Abhängigkeiten oder Wechselwirkungen;

Zielharmonie (auch: Zielkomplementarität) = Ziele ergänzen sich (Beispiel: Investitionen – Produktvariationen).

Zielkonflikte können auch entstehen zwischen den verschiedenen Aspekten des gleichen Ziels:
- **Sachziel** (was soll erreicht werden)
- **Terminziel** (wann soll es erreicht werden)
- **Kostenziel** (mit welchen Ressourcen soll es erreicht werden)

Beispiel: bei Gefährdung des Terminziels könnte der Termin dennoch erreicht werden, wenn Abstriche am Sachziel gemacht und/oder zu Lasten des Kostenziels zusätzliche Ressourcen eingesetzt werden.

Teil C - Betriebliches Management

1.2 Zielsystem und Planungsprozess

Abgrenzung der Begriffe
Ziel = der für einen bestimmten zukünftigen Zeitpunkt angestrebte Zustand;
Strategie = der grundsätzlich vorgesehene Weg zu diesem Ziel.

Planung ist als Umsetzung der Strategie ein Prozess, der
- über mehrere Phasen
- zukunftsbezogen und damit
- unter Unsicherheit
- der Lösung von Problemen und/oder
- dem Gestalten der Zukunft dient und entsprechende
- Handlungsinformationen liefert.

Nicht beeinflussbare **Rahmenbedingungen:**
Technologie
Wirtschaft
Kultur
Politik
externe Einflussfaktoren
Beschaffungsmarkt
Arbeitsmarkt
Absatzmarkt
Kapitalmarkt
interne Einflußfaktoren
materielle Ressourcen
personelle Ressourcen
vorhandene Technologien
Entwicklungsstand / Erfahrung

1.3 Strategische und operative Planung

Planungshorizonte und Beispiele
strategisch = langfristige grundlegende Ziele (was soll erreicht werden?), die von der Geschäftsführung, dem top management vorgegeben werden; Zeitraum z.T > 5 Jahre. Beispiele: Marktposition; Produktentwicklung; neue Märkte.
taktisch = mittelfristige Teilziele (in welchen Etappen soll es erreicht werden?), die vom Middle Management aus den langfristigen Zielen abgeleitet werden; Zeitraum z.T. ca. 2 – 5 Jahre. Beispiele: Marktforschung, Testmarkt; Werbeplan.
operativ = kurzfristige Maßnahmen, Prozess-Steuerung (wie soll es erreicht werden?) durch das lower management zur Umsetzung der Teilziele; Zeitraum von tagesaktuell bis 1 Jahr. Beispiele: Werbemaßnahmen; Druckaufträge; Schulungsmaßnahmen. *Kennzahlen*

Strategische Planung: Instrumente
- SWOT-Analyse;
- Erfahrungskurvenanalyse;
- Produktlebenszyklus;
- Portfolioanalyse;
- Benchmarking;

SWOT-Analyse (Analyse von Erfolgspotentialen)
Kunstwort aus **S**trengths (Stärken), **W**eaknesses (Schwächen), **O**pportunities (Chancen), **T**hreats (Risiken). Zusammenfassende Betrachtung interner Fähigkeiten (Stärken und Schwächen) und externer Einflussfaktoren (Chancen und Risiken) zur Beurteilung von Strategien vor allem bei Expansionsplänen. Die Darstellung ergibt eine Vier-Felder-Matrix der möglichen Kombinationen dieser Merkmale. Die jeweils zugehörigen Strategien werden auch nach den Anfangsbuchstaben der Kombination benannt, z.B. ST-Strategie für das Vorgehen bei

dem Zusammentreffen von internen Stärken mit externen Risiken.

Erfahrungskurvenanalyse
Die Erfahrungskurve (**Lernkurve**) zeigt eine Verringerung der Kosten pro Stück bei zunehmender Stückmenge dank der durch häufige Wiederholung gewachsenen Sicherheit und Fertigkeit in der Herstellung. In die gleiche Richtung wirken außerdem die **Economies of scale** durch bessere Konditionen bei der Beschaffung größerer Mengen und rationellere Fertigung durch größere Anlagen.

Analyse von Produkten / Produktgruppen
Gegenstand der Analyse können sein:
- Produktlebensalter,
- Phase im Produktlebenszyklus
- Sortimentsstruktur nach Portfolioanalyse
- Umsatzstruktur nach ABC-Analyse
- Entwicklung des Stückdeckungsbeitrags
- Anteil am gesamten Deckungsbeitrag

Produktlebenszyklus
Unterteilung der „Lebensgeschichte" eines Produkts in aufeinander folgende Phasen, die nach verschiedenen **Kriterien** voneinander abgegrenzt werden. Als Kriterium verwendet werden u.a. Umsatz, Rate des Umsatzwachstums, Marktanteil, Marktwachstum, Deckungsbeitrag oder Gewinn.

Phasen sind in den meisten Modellen:
- Einführung (Verlust; hohes Umsatzwachstum)
- Wachstum (Erreichen der Gewinnzone; gleichbleibendes Umsatzwachstum)
- Reife (sinkende Gewinnrate; Abschwächung des Umsatzwachstums durch Annäherung an die Sättigungsgrenze)

- Sättigung (weiter sinkende Gewinne; sinkender Umsatz)
- Degeneration (Gewinn gegen Null, evtl. Verlust; Entscheidung über Elimination)

Selten wird durch Aufnahme von Entwicklungsphase und Elimination auf ein **7-Phasen-Modell** erweitert.

Normstrategien für die verschiedenen Phasen unterscheiden sich zum Teil in Abhängigkeit von Wachstumsperspektiven und Strategien, können damit verbunden sein mit der Portfolioanalyse *(siehe unten)*
Einführung: Promotionspreise; hohe Kommunikationsdichte.
Wachstum: Expansionswerbung
Reife: flexiblere Preispolitik; Produktvariationen und Modernisierung
Sättigung: Erinnerungswerbung; Naturalrabatte
Degeneration: ggf. Elimination

Portfolioanalyse in der Version der Boston Consulting Group
Darstellung der Produkte bzw. Produktgruppen in einem Koordinatensystem aus Relativem Marktanteil (Abszisse) und Marktwachstum (Ordinate). Festlegung der Skala in Abhängigkeit von Extremwerten. Nach Halbierung beider Reihen ergibt sich eine Vier-Felder-Matrix.

Marktwachstum > Schnitt	**Question Marks**	**Stars**
Marktwachstum < Schnitt	**Dogs**	**Cash Cows**
	Marktanteil niedrig	Marktanteil hoch

Normstrategien

Question Marks (Fragezeichen; Einführungs- oder Wachstumsphase): entweder investieren, um den Marktanteil zu erhöhen, oder zurückziehen

Stars (Sterne; Wachstumsphase): investieren, um Position zu ntwickeln bzw. zu verteidigen

Cash Cows (Milchkühe; Reife- oder Sättigungsphase): nur Erhaltungsinvestitionen; Gewinn abschöpfen zur Finanzierung der anderen

Poor Dogs (arme Hunde; Sättigungs- oder Degenerationsphase): entweder eliminieren oder bei positivem Deckungsbeitrag oder wegen Synergieeffekten mit anderen Produkten oder aus Imagegründen am Leben halten.

Strategische Geschäftseinheit (SGE)

Teilbereich eines Unternehmens, der in einem Marktsegment unabhängig von anderen Teilgebieten der Unternehmung agiert. SGE sind meist mit einer bestimmten Markt-Produkt-Kombination verbunden und eigenständig für ihr Ergebnis verantwortlich. Mehrere solcher SGE können bei gemeinsamem oder ähnlich gelagertem Marktumfeld auch zu einem **strategischen Geschäftsfeld (SGF)** zusammen gefasst werden.

1.4 Betriebsstatistik

Betriebliche Kennzahlen
Liquidität (Kennziffern für Zahlungsfähigkeit zu verschiedenen Zeitpunkten)
Rentabilität (Gewinn/Kapital-Verhältnis)
Produktivität (Ergiebigkeit des Einsatzes von Produktionsfaktoren / Ressourcen gemessen am mengenmäßigen Ausstoß)

Vergleichsrechnungen
Gegenüberstellung von Daten
- über verschiedene Zeiträume; zu verschiedenen Zeitpunkten;
- aus unterschiedlichen Prozessen oder Produkten;
- von verschiedenen Unternehmen bzw. Unternehmensteilen;
- aus verschiedenen Quellen.
Mögliche Probleme:
- Daten veraltet;
- unterschiedliche Erhebungsmethoden;
- abweichende inhaltliche oder zeitliche Abgrenzungen;
- Daten unvollständig.

Benchmarking
Ursprünglich der Vergleich eigener Daten mit externen Werten als Bezugspunkt für die Beurteilung. Jetzt häufiger verwendet in der eingeengten Bedeutung, die eigenen Werte mit Daten des Marktführers oder Branchenbesten zu vergleichen in der erklärten Absicht, diesen einzuholen und zu übertreffen.

Kontrolle: Werkzeuge
Kostenanalyse (Struktur der Kosten und deren Entwicklung)
Ergebnisse der Kosten- und Leistungsrechnung (Verhältnis fixe und variable Kosten; Deckungsbeiträge)

Teil C - Betriebliches Management

Berechnung von „make-or-buy"-Alternativen, optimalem Produktionsprogramm, Integration von Tätigkeiten oder outsourcing

Deckungsbeitragsrechnung
Analyse eines Produkts bzw. einer Produktgruppe, eines Leistungsangebots darauf, ob über die Deckung der zuzurechnenden variablen Kosten hinaus ein Beitrag zur Deckung der Fixkosten geliefert wird.
Break-even-Analyse: Ermittlung der Ausbringungsmenge, ab der die Summe der Stückdeckungsbeiträge die Fixkosten übersteigt und damit die Gewinnzone erreicht wird.

operations research:
Älteste Ansätze zur Nutzung mathematischer Methoden in den Wirtschaftswissenschaften
Beschreibung von „Optimierungsproblemen" mit Formeln zur mathematischen Optimierung

2 Organisations- und Personalentwicklung

Ziel: Verbesserung d. Leistungsfähigkeit d.-Orga + Qualität d. Arbeitslebens

2.1 Auswirkungen betriebl. Planungsprozesse

Organisationsentwicklung: Gründe und Ziele
- Anforderungen von Kunden
- Wandel in der Kundenstruktur
- Anpassung an Marktbedingungen
- Erlangen eines Wettbewerbsvorteils
- Marketingmaßnahmen
- Werteveränderungen
- Globalisierung
- Änderung der Rechtsgrundlagen
- Qualitätsverbesserung
- Prozessoptimierung
- Kostenreduktion

Rollen („Typen") von Mitarbeitern in Veränderungsprozessen
Auch Teil B: Unternehmensführung, Kap. 2.4
Mitläufer – leisten weder Widerstand noch einen Beitrag;
Emigranten – ziehen den Wechsel der Firma der Anpassung an eine Veränderung vor;
Opportunisten – sind zu aktiver Mitwirkung bereit, soweit sie daraus einen unmittelbaren Vorteil bzw. zumindest das Vermeiden eines drohenden Nachteils für sich erkennen können;
Missionare – sind von der Richtigkeit des Prozesses überzeugt (intrinsisch motiviert) und suchen andere zu überzeugen;
Saboteure – streben an, den Wandel zu verhindern durch das Herbeiführen von Problemen;
Verweigerer – versuchen in einer Art passivem Widerstand, alte Prozesse beizubehalten.

2.2 Organisationsentwicklung: Ziele und Konzepte; Change-Management

Phasen der Organisationsentwicklung nach Kurt Lewin
1. Unfreezing (" Auftauen"):
Durch ständige Wiederholung selbstverständlich gewordene Abläufe werden zuerst bewusst gemacht, dann in Frage gestellt. Aus Analyse dieser Ist-Situation werden neue Soll-Zustände erarbeitet und durch argumentative Information die Bereitschaft zur Veränderung geweckt.
2. Moving („Bewegen")
Herausbildung neuer Verhaltensweisen und Abläufe. Zunächst Absinken der Produktivität durch Unsicherheit und mangelnde Routine. Einsicht und Akzeptanz wachsen mit.
3. Refreezing („Einfrieren")
Die Neuerungen werden selbstverständlich. Mit der Neugewinnung von Routine erreicht die Effizienz ein höheres Niveau als zu Beginn der Organisationsentwicklung.

Lernende Organisation - Ziele
Veränderungs-/Verbesserungsbereitschaft aller Mitarbeiter
Kritikfähigkeit und Objektivität auf allen Ebenen
Hohe Lernbereitschaft
Offene sachliche Kommunikation
Systematische Erfassung und Weitergabe von Wissen
Stete Motivation zur Optimierung von Prozessen

Change-Management
Die bewusst gewollte und gestaltete nachhaltige Veränderung von Strukturen und Prozessen in Organisationen einschließlich der damit verbundenen Verhaltensweisen und Wertvorstellungen.

Anpassung d. U. an Veränderungen
→ U. muss sich raschen Veränd. anpassen können

Anforderungsprofile ⟷ Eignungsprofile
PE-Bedarf

2.3 Personalentwicklung: Ziele; Instrumente; Einsatzfelder

Unterscheidung nach Verhältnis zur Berufsausübung:
Vorbereitend: Ausbildung; Praktika; Trainee-Programm
Begleitend: Qualifikationsmaßnahmen zur
- Anpassung an (gestiegene oder veränderte) berufliche Anforderungen;
- Erhaltung beruflicher Fertigkeiten;
- Erweiterung der Fähigkeiten und Kenntnisse;
- Befähigung für einen beruflichen Aufstieg.
Verändernd: Vorbereitung auf eine andere berufliche Tätigkeit, Umschulung.

Ziele der Personalentwicklung
Unternehmenssicht:
- parallel zu Organisationsentwicklung zum Schaffen der Fähigkeiten, die daraus resultierenden Anforderungen zu erfüllen;
- Verbesserung des Betriebsergebnisses durch Kostensenkung und/oder Umsatzsteigerung dank effektiverer Arbeit;
- Erfüllen der Anforderungen von Kunden;
- Erfüllen geänderter rechtlicher Vorschriften.
Mitarbeitersicht:
- persönliche Weiterentwicklung;
- verbesserte Aufstiegsmöglichkeiten;
- Sicherung des Arbeitsplatzes.

Beteiligte an Personalentwicklung
Unternehmensleitung, Geschäftsführung; Personalabteilung; Mitarbeiter; Betriebsrat; Vorgesetzte; externe Berater, Trainer.

Teil C - Betriebliches Management

Training Maßnahmen (*auch in Teil B: Unternehmensführung Kap. 3.1*
On the job = am Arbeitsplatz
Off the job = außerhalb des Arbeitsplatzes; extern
Near the job = im Unternehmen, aber nicht am Arbeitsplatz
Along the job = berufsbegleitend
Into the job = Einarbeitung

Förderung innerbetrieblich
Job-Rotation (= Wechsel der Arbeitsplätze)
Vorteile: Neue Perspektiven; besseres Verständnis für Zusammenhänge
Nachteile: Einarbeitungszeit; Unruhe durch Veränderung
Job-Enlargement (= Erhöhung der Aufgabenmenge auf gleichem Niveau)
Vorteil: Motivation durch Herausforderung
Nachteil: Wahrnehmung als Mehrarbeit
Job-Enrichment: (= „Anreicherung" der Aufgaben; Erhöhung des Anspruchsniveaus)
Vorteil: größere Entfaltungsmöglichkeiten; interessantere Herausforderung
Nachteil: Überforderung.

Instrumente der Personalentwicklung
Stellenbeschreibungen – Aufbau *Anforderungsprofil*
Bezeichnung der Stelle
Ziele und Hauptaufgaben
Organisatorische Eingliederung
Befugnisse und Vollmachen
Anforderungen und Kompetenzen

Kompetenzen für Stelleninhaber:
Siehe Unternehmensführung
1. Ausführungskompetenz

2. Verfügungskompetenz
3. Antragskompetenz
4. Entscheidungskompetenz
5. Anordnungs- (=Weisungs-) kompetenz
6. Mitsprachekompetenz
7. Stellvertretungskompetenz

Potentialanalyse
Thema in „Führung und Zusammenarbeit" Kap. 4.2
Bewertungsfelder in Abstimmung mit in gleicher Weise standardisierten Anforderungsprofilen der verschiedenen Stellen und Arbeitsbereiche:
- Fachwissen;
- Flexibilität;
- Belastbarkeit;
- Teamfähigkeit;
- kommunikative Kompetenzen;
- Gewissenhaftigkeit, Genauigkeit.

Assessment-Center
Gleichzeitige Beobachtung einer Gruppe von Mitarbeitern bzw. Bewerbern (max. 18) durch mehrere Personen zur Beurteilung des Potentials und der Kompetenzen in praxisbezogenen Situationen. Es kann über einen oder auch mehrere Tage gehen und sowohl berufsbezogene Aufgabenstellungen als auch verhaltensorientierte Übungen oder psychologische Testverfahren beinhalten.

Durchführung Schritte:
1. Klärung der Ziele;
2. Analyse der zu beobachtenden Eigenschaften und Fähigkeiten;
3. Auswahl der einzusetzenden Mittel und Übungen;

Teil C - Betriebliches Management

4. Auswahl und Schulung der Beobachter;
5. Organisation und Durchführung;
6. Evaluation und Controlling des AC.

Beispiele für **Übungen** im Rahmen eines AC:
- Rollenspiele
- Gruppendiskussionen
- Präsentationsaufgaben
- Übungsaufträge
- Selbst- und Fremd-Beurteilungen.

Kompetenzen von Mitarbeitern, insbes. Führungskräften
- Fachkompetenz: Kenntnisse im Tätigkeitsbereich;
- Methodenkompetenz: Beherrschen von Entscheidungs- und Führungsmethoden, organisatorischen Techniken;
- Sozialkompetenz: kommunikative Fähigkeiten, Teamfähigkeit;
- persönliche Kompetenzen: Belastbarkeit, Leistungsfähigkeit.

Trainee Programm
Einarbeitungsprogramm für besonders (akademisch) qualifizierte neue Mitarbeiter mit der Perspektive auf Führungspositionen, bei dem einerseits der Trainee auf eigene Erfahrung und Beobachtung gestützte Kenntnisse vieler für seine künftige Tätigkeit relevanten Bereiche erhalten soll, andererseits das Unternehmen konkrete Rückschlüsse auf geeignete Einsatzfelder ziehen kann.

Externe Bildungsmaßnahmen – Auswahlkriterien
Auch in Teil B: Unternehmensführung Kap.3.1
- Referenzliste
- Qualifikation der Dozenten

- Nachweis der eingesetzten didaktischen Methoden
- Technische Ausstattung
- Professionelles Qualitätsmanagement
- ==Preis-Leistungs-Verhältnis==
- Räumliche Nähe
- Nebenkosten für Anfahrt, Übernachtung, Verpflegung
- Niveau, Tauglichkeit der Unterlagen
- Einstufungstests vor den Maßnahmen
- Unterstützung bei Umsetzung nach der Maßnahme
- Testat, Prüfung, Zeugnis am Ende der Maßnahme

3 Informationstechnologie und Wissensmanagement

Informationsvorbehalt
- Mögliche Motive für die Zurückhaltung von Informationen:
- „Herrschaftswissen", Angst um die eigene Position;
- Antipathie gegen den Informationsempfänger;
- Unkenntnis des Informationsbedarfs;
- Fehlende Motivation mangels eigenen Vorteils;
- Vergesslichkeit und/oder Faulheit und/oder Überforderung

3.1 Wissensmanagement
Systematische Steuerung und Kontrolle des im Betrieb vorhandenen Wissens; Behandlung als eigener Produktionsfaktor. Ziel: das gesamte für die betriebliche Leistungserstellung relevante Wissen, auch das aller Mitarbeiter, allen Mitarbeitern bei Bedarf zugänglich machen.

Individuelles Wissen einzelner Mitarbeiter wird durch Verbindung in der gemeinsamen Tätigkeit an Prozessen zu **kollektivem** Wissen einer Gruppe von Menschen, das durch dieses Zusammenwirken als **strukturelles** Wissen von organisatorischen Einheiten praktisch nutzbar wird.
Explizites Wissen lässt sich ausdrücken, damit auch schriftlich fixieren und in Verbindung mit Schlagwörtern und Suchbegriffen auffindbar speichern, während **implizites** Wissen aus konkreter Erfahrung entstandene situationsbezogene Intuition darstellt, die eher durch Beispiel und Anwendung weitergegeben werden kann.

Objekte für Wissensmanagement:
Kunden – Lieferanten – Wettbewerber – Märkte – Produkte – Patente – Gesetze – Methoden.

Wissen über Kunden
(„Data Base Management" -
Customer Relationship Management)
Wer pflegt die Daten?
Wer kontrolliert die Qualität?
Wer pflegt die Systemeigenschaften?
Wer hat welche Zugriffsberechtigung?

Wissensdatenbank
Speicherung von spezifischem Wissen über Strukturen, Prozesse und Produkte des Unternehmens. Ziel ist die Verallgemeinerung von individuellem Wissen, die Sicherung des Wissens älterer Mitarbeiter, die schnellere Einarbeitung neuer Mitarbeiter, die Vermeidung der Fehlerwiederholung, Vereinheitlichung von Entscheidungen und Vorgehensweisen, Qualitätssicherung.

Lastenheft = Auflistung und Spezifizierung der dem Lieferanten vom Auftraggeber auferlegten „Lasten" (=Anforderungen).
Pflichtenheft = vom Lieferanten unterzeichnete Aufstellung der zu erbringenden Leistungen.

Mentorensysteme
Auch in Teil D: Führung und Zusammenarbeit Kap. 4.1
Mentoring = Weitergabe von fachlichem Wissen und/oder methodischen Kenntnissen durch einen erfahrenen Mitarbeiter (**Mentor**) zur Förderung eines jüngeren bzw. neuen Mitarbeiters (**Mentee**). Zugleich Sicherung des impliziten Wissens älterer Mitarbeiter für das Unternehmen.

3.2 Informationstechnologie
Ziele und Einsatzmöglichkeiten:
- Kostensenkung,
- Fehlervermeidung,
- Entscheidungsfundierung,
- Prozessoptimierung,
- Qualitätsverbesserung,
- Managementunterstützung

Quellen:
Interne Informationsquellen (Warenwirtschaftssystem, Betriebsdatenerfassung, Kosten- und Leistungsrechnung)
Externe Informationsquellen (Forschungsinstitute, Bibliotheken; Information-Broker) – allgemein verfügbares Wissen, NICHT gleich bedeutend mit „frei verfügbar" im Sinne von kostenlos.

4 Managementtechniken

4.1 Zeit- und Selbstmanagement

Eisenhower-Methode

Aufgaben	dringend	nicht dringend
wichtig	sofort erledigen + selbst	einplanen delegieren priorisieren
unwichtig	delegieren rationalisieren	vermeiden PK

Pareto-Prinzip (auch: 80/20-Regel)
Generell die Erkenntnis, dass ca. 80% aller Ereignisse aus 20% der Ursachen entspringen. Hier: 80% der Aufgaben werden in 20% der Arbeitszeit erledigt. Folgerung: Wege suchen, die 20% der Aufgaben mit 80% des Zeitbedarfs zu reduzieren.

ABC-Analyse
Erweiterung des Pareto-Prinzips auf drei Kategorien, z.B. A-, B- und C-Kunden. Mit unterschiedlichen Relationen verbunden: 20% der Kunden bringen 80% Umsatz, 30% weitere 15% und die restlichen 50% nur noch 5%. Hier: am Ergebnis gemessen bringen 15% der Arbeit 65 % des Ergebnisses (Kat. A), 20% weitere 20% (Kat. B) und die restlichen 65% nur 15% (Kat. C).
Folgerung:
 A = sehr wichtig; erledigen
 B = wichtig; zur Not delegieren und kontrollieren
 C = unwichtig; delegieren, reduzieren.

Teil C - Betriebliches Management

4.2 Kreativitäts- und Entscheidungstechniken:

4.2.1 Problemanalyse

Vorgehen:
Problemdefinition
Feststellen der Einflussfaktoren
Aufstellung potentieller Ursachen
Bewertung ; Verbindung von Ursachen und Faktoren
Auswertung

Ursachen (nach Ishikawa) *Ursache – Wirkungsdiagramm*
Menschen: Kompetenz, Motivation, Qualifikation
Maschinen: Fehlfunktion
Material: Qualität, Eignung
Methoden: Abläufe, Prozessgestaltung
Milieu: nicht kalkulierte Umweltbedingungen
Messung: Zuverlässigkeit der Daten
Management: Entscheidungsgrundlagen, Beeinflussung

Fehler-Möglichkeiten-Einfluss-Analyse (FMEA) *Fehler vermeiden im*
Ermittlung einer Kennziffer für die Größe eines Risikos („Risi- *Entwicklungs-*
koprioritätszahl") aus der Kombination von Eintrittswahr- *prozess*
scheinlichkeit des Fehlers, Bedeutung des Fehlers gemessen
an seiner Wirkung, Entdeckungswahrscheinlichkeit als Chance, das Auftreten zu bemerken. *System, Prozess, Konstruktions-FMEA*

4.2.2 Kreativitätstechniken
Brainstorming

Ideen sammeln + visualisieren

Bekannteste Technik, die schöpferische Diskussion durch Vermeiden von Denk- und Sprech-Hemmungen ermöglichen soll. - Durchführung:
1. Vorbereitung (Auswahl der max. 15 Beteiligten nach erforderlichen Kenntnissen; Bestimmen des Moderators; organisatorische Voraussetzungen für ungestörten Verlauf)
2. Durchführung (max. 30 Minuten freier Austausch von Ideen ohne Kritik und Killerphrasen mit konstruktivem Aufgreifen und Weiterspinnen ohne Urheberansprüche)
3. Auswertung (Abklopfen der gesammelten Ideen auf verwertbare oder weiter zu prüfende).

Brainwriting = *n. Ideen auf Karten notieren + bewerten*
Variante des Brainstorming, bei der die (meist max. 6) Teilnehmer ihre (möglichst 3) Vorschläge in Stichworten auf ein Formular schreiben, das sie (nach ca. 5 Minuten) im Uhrzeigersinn weitergeben, so dass jeder alle Vorschläge der anderen sieht. Wegen der genannten zahlenmäßigen Vorgaben auch „6-3-5-Methode" genannt.

Mind Mapping *Problemanalyse u. Lösungsfindung*
Visualisierung von Strukturen in einem meist baumförmigen Diagramm, das durch die flexible Sammlung und Zuordnung von Stichworten und Ideen auch die Darstellung komplexer Zusammenhänge ermöglicht. *Hauptäste + Zweige*

Bionik
Verbindung von **Bio**logie und Tech**nik** durch Erschließen von in der Natur im Laufe der Evolution entstandenen Strukturen für eine technische Umsetzung.
Echo-Schall - Fledermaus

Teil C - Betriebliches Management

Morphologischer Kasten *Matrix mit Zeilen-(Spalten* [handwritten: *Zerlegung in Teilprobleme*]
Systematische Erfassung aller Lösungsmöglichkeiten einer komplexen Fragestellung zur Analyse der bestehenden Möglichkeiten, unterschiedliche Lösungen verschiedener Teilaspekte zu kombinieren.

Anwendungsbeispiel Produktplanung: *neue Jacke*

Problem	Lösung A	B	C	D
Material	Baumwolle	*Seide*	Elasthan	**Leder**
Größe	*Small*	**Medium**	Large	XLarge
Verschluss	**Knöpfe**	Schließen	RV	*Gürtel*

4.2.3. **Entscheidungstechniken** – Prozessphasen
Problemdefinition
Entscheidungskriterien
Lösungsvarianten
Kriteriengewichtung /Ausschluss- („Killer-",,)Kriterien"?
Bewertung incl. Wahrscheinlichkeiten
Entscheidung

Entscheidungsverfahren
Gemeinsamer Nenner ist die Absicht, objektive Verfahren zur Wahl des besten Weges unter Berücksichtigung ungewisser Bedingungen in der Zukunft zu entwickeln.

Entscheidungsmatrix
Darstellung aller Kombinationen aus den verschiedenen möglichen Strategien mit den für möglich gehaltenen (eventuell zusätzlich mit Eintrittswahrscheinlichkeiten gewichteten) Zuständen der Wirklichkeit (Ereignissen), wobei jede Kombination bewertet wird. Die Entscheidung kann nach dem Vorsichtsprinzip (MiniMax) für die Strategie getroffen werden, bei der der maximal mögliche Schaden am geringsten ist.

Vereinfachtes Anwendungsbeispiel Parken:
Mögliche Strategien: Parkzettel für 5€ kaufen ja/nein
Mögliche Ereignisse: Kontrolle ja/nein (Strafzettel 20 €)

Gebühr/Kontrolle	ja	nein	Max
Ja	-5	-5	-5
nein	-20	0	-20

Ergebnis: Der maximale Schaden ist mit 5 € beim Zahlen der Parkgebühr geringer. Aber bei einer Wahrscheinlichkeit der Kontrolle von weniger als 25%und entsprechender Gewichtung ist es rational, keinen Parkzettel zu kaufen.

In vereinfachter Form auch als Bewertung mehrerer Alternativen nach einer Liste von Kriterien auf einer Skala mit Entscheidung durch Summenbildung.
Vereinfachtes Anwendungsbeispiel: **Wahl zwischen drei Gymnasien**

Aspekt/Gym	A	B	C
Fächer	4	2	3
Ausstattung	2	5	1
Schulweg	3	1	5
Kollegium	4	3	3
Ruf	3	5	2
Betreuung	2	4	3
Summe	18	20	17

Auch hier können zusätzlich die einzelnen Aspekte noch unterschiedlich gewichtet werden.

Teil C - Betriebliches Management

Nutzwertanalyse *einfach qualitative Bewert.   subjektive Festlegung d. Gewichtung u. Ausprägung*
Vergleich von Entscheidungsvarianten durch Vergleich der bei den verschiedenen Kriterien entstehenden Nutzenwerte, meist verbunden mit einer Gewichtung der Kriterien nach ihrer Bedeutung für die Entscheidung. Problem ist damit, die Objektivität bei der Bestimmung von Nutzenwerten und Gewichtungen zu wahren, z.B. durch Beteiligung mehrerer, auch externer Fachleute.
Vorgehensweise:
1. Festlegung der Kriterien;
2. Bestimmen der Gewichtungen; $= N$
3. Analyse der Alternativen für jedes Kriterium;
4. Multiplikation der Nutzenwerte mit der Gewichtung;
5. Summenbildungen für die Alternativen

Vereinfachtes Beispiel für zwei Alternativen bei einer Nutzen-Skala N von 1-5 und Gewichtungsstufen X von 1-3 :

	Variante A			**Variante B**		
Kriterium	N	X	Sum	N	X	Sum
Preis	4	3	12	2	3	6
Termin	2	1	2	5	1	5
Service	2	2	4	4	2	8
Leistung	5	3	15	3	3	9
Summe	(13)		33	(14)		28

Ohne Gewichtung wäre Variante B knapp vorne, nach Gewichtung ist Variante A eindeutig vorzuziehen.

[Handschriftliche Notiz oben:] alle Aufgaben lösen, die Leistungsrahmen der klassischen Orga sprengen → unter. Flexibilität + Zukunftssicherung erhalten

4.3 Projektmanagement
siehe auch Teil D: „Führung und Zusammenarbeit Kap._6.2

Voraussetzungen für die Tauglichkeit einer Problemstellung als Gegenstand eines Projektes:
- klar abgrenzbare Aufgabenstellung;
- zeitliche Befristung;
- Projektziel nach SMART-Regel formulierbar;
- Thema außerhalb des Tagesgeschäfts;
- Relevanz für das Unternehmen;
- im Unternehmen Kompetenz für Projektorganisation.

Vorteile der Organisation als Projekt:
- Kostenersparnis durch Einsatz eigener Mitarbeiter;
- Generierung neuer Ideen und Sichtweisen durch übergreifende Zusammenarbeit;
- Konzentration der Beteiligten auf Projektziel;
- Entwicklung von Teamfähigkeit;
- positive Wirkung auf Verständnis über Projekt hinaus.

Probleme (Gefahren, Risiken) von Projekten:
- fehlerhafte / unrealistische Zielsetzung;
- unzureichende Mittel / Zeit
- Überforderung (inhaltlich / zeitlich) von Mitgliedern;
- Einflussnahmen von außen / oben;
- Belastung anderer Mitarbeiter durch Freistellungen;
- Probleme der Re-Integration nach Projektende.

Projektorganisation
Die Mitarbeiter im Projekt-Team können je nach zeitlicher Anforderung durch das Projekt entweder ganz oder teilweise von ihren bisherigen Aufgaben frei gestellt werden oder die Projektarbeit zusätzlich bewältigen. Bei völliger Freistellung: Vor-

Teil C - Betriebliches Management

teil der Konzentration auf Projekt, Nachteil des Kontaktverlustes zu Organisation, Isolation des Projekts.
Hierarchiefreie Gruppe mit Projektleiter als Koordinator

Phasen der Gruppendynamik:
- Orientierung (**Forming**): Erste Konfrontation mit Aufgabe und Begegnung mit Team
- Konflikt (**Storming**): Rangordnungskämpfe; Konflikte um Stellung, Kompetenzen, Ressourcen;
- Kooperation (**Norming**): Entwicklung gemeinsamer Normen und Werte, Herausbildung eines Wir-Gefühls;
- Integration (**Performing**): Konstruktive Lösung von Problemen, Fokussierung auf Projektaufgabe.

Projektplanung
Bei größeren (länger dauernden) Projekten Unterteilung des Projektziels auf zeitlich nacheinander folgende Teilziele, deren Erreichen als **Meilenstein** dient.
Aufgaben beim Erreichen eines Meilensteins:
- Analyse der letzten Phase, Soll-Ist-Vergleiche des Verbrauchs von Ressourcen, der Erreichung von Sach- und Zeit-Zielen;
- Operationalisierung des Plans für die nächste Phase;
- Dokumentation; Berichterstattung an Auftraggeber;
- Information unternehmensintern über erreichten Status;
- evtl. Änderungen in der Struktur des Projektteams.

Projektabschluss
(AuchTeil D: Führung und Zusammenarbeit, Kap. 6.4)
Auswertung der Erfahrungen:
- Abschlussbericht;
- Dokumentation des Ablaufs, insbesondere der Meilensteine;

- Soll-/Ist-Vergleich Zielvorgabe / Zielerreichung;
- Soll-/Ist-Vergleich geplante / verbrauchte Ressourcen incl. Einhalten bzw. Überschreiten der Zeitplanung;
- Merksätze der zentralen Fehler bzw. Erfahrungen für künftige Projekte;
- evtl. Vermerke hinsichtlich Personalentwicklung.

- *Reintegration MA*
- *Danke*
- *Feedback holen*

4.4 Gesprächs- und Kooperationstechniken:
(Siehe auch Teil D: Führung und Zusammenarbeit!!!)

„**4-Ohren-Modell**" (Modell der Vierseitigkeit von Nachrichten nach von Thun)
Sachinhalt: konkrete Information;
Selbstoffenbarung: unbewusst mitschwingende Darlegung der emotionalen Befindlichkeit des Sprechenden;
Beziehung: durch non-verbale Komponenten wie Sprechweise, Körpersprache, Wortwahl, Mimik beeinflusste Manifestation des Verhältnisses zum andern;
Appell: Aufforderung zu einer Reaktion.

Transaktionsanalyse
Modell zum Verstehen zwischenmenschlicher Verhaltensweisen aus der Struktur der Persönlichkeit heraus. Die Interaktion mit anderen Menschen wird dabei in Verbindung gebracht mit den verschiedenen Ich-Zuständen, die jedem Menschen innewohnen: das **Kindheits-Ich**, das **Erwachsenen-Ich**, das **Eltern-Ich**. Jeder Ich-Zustand ist gekennzeichnet durch ein von den anderen klar unterscheidbares fest verwurzeltes Muster von Empfindungen, Verhaltensweisen und Vorstellungen.

Beim Kindheits-Ich sind sie als Muster der ersten Lebensjahre gespeichert, beim Erwachsenen-Ich entsprechen sie dem, was gegenwärtig als angemessenes Verhalten für einen eigenverantwortlich selbstbestimmten Menschen empfunden wird, beim Eltern-Ich stehen sie für die unbewusst von anderen übernommenen Verhaltensmuster.

Präsentation *(in Teil D: Führung und Zusammenarbeit; Kap. 7 Präsentationstechniken)*
Moderation
(in Teil D: Führung und Zusammenarbeit; Kap.6.2 Moderieren)
Konfliktmanagement
(in Teil D: Führung und Zusammenarbeit; Kap.3)

Mediation
Sachliche Ermittlung der bestehenden Differenzen durch den Mediator; gemeinsame Analyse mit den Konfliktparteien. Ziel ist ein Konsens zwischen den Parteien.
Vorgehensweise:
1. Vorbereitung; der Mediator sammelt und sichtet alle wesentlichen Informationen;
2. Gesprächsorganisation; Einladung an alle Beteiligten:
3. Stellungnahmen der Betroffenen;
4. mit Anleitung des Mediators Suche nach Konsenspunkten;
5. Formulierung von Kompromissvorschlägen;
6. Treffen einer verbindlichen Vereinbarung.

Kommunikation: Regeln
Aktiv zuhören; non-verbale Zeichen der Aufmerksamkeit geben; positiv sprechen; bei Zweifeln nachfragen; Verallgemeinerungen vermeiden, in Ich-Form sprechen; auf Partner in Wortwahl und Sprechweise einstellen; Ablenkungen und Störungen fern halten, ggf. ignorieren.

Interviewtechnik und Bewerbungsgespräch
Bewertung von Bewerbungsunterlagen
- Vollständigkeit: Anschreiben; Lebenslauf bzw. beruflicher Werdegang; Dokumente; Arbeitszeugnisse.
- Form: angemessener geeigneter Umschlag; korrekte Adressierung und Frankierung
- Anschreiben: korrekte Adressierung und Anrede; informativer vollständiger Briefkopf; Orthographie und Stil; Angaben zu Motivation der Bewerbung
- Lebenslauf: Übersichtlichkeit; zeitlich stimmig und lückenlos; Wechselhäufigkeit und durchschnittliche Beschäftigungsdauer; Arten der Tätigkeiten und Einsatzgebiete
- Dokumente: Übereinstimmung mit Lebenslauf; Noten und Bewertungen
- Arbeitszeugnisse: Übereinstimmung mit Lebenslauf; Vollständigkeit; Bewertungen und Angaben zum Grund des Ausscheidens; Lücken im Bewertungsschema.

Bewertungsschema
Mögliche Beurteilungskriterien: Lebenserfahrung; Berufserfahrung; Führungserfahrung; Fachkenntnisse; Gehaltsniveau.

Bewerbungs- (Vorstellungs-)gespräche
(siehe auch Teil B „Unternehmensführung", Kap. 2.6)
Ablauf: Begrüßung; Vorstellung des Unternehmens; Selbstvorstellung des Bewerbers; ergänzende Fragen an den Bewerber; Fragen des Bewerbers; Information über weiteres Vorgehen, zeitlichen Rahmen; Verabschiedung.

Teil C - Betriebliches Management

Zu beobachten: angemessene Kleidung; persönlicher Eindruck, Ausstrahlung; Kommunikationsfähigkeit; Auftreten; Belastbarkeit, Nervosität.

Mitarbeitergespräche
(in Teil D: Führung und Zusammenarbeit; Kap.2)

Verkaufsgespräche - Unterlagen für Mitarbeiter:
Stichwortkatalog listet Fakten und Sachargumente meist alphabetisch gegliedert auf.
Gesprächsleitfaden folgt dem zu erwartenden zeitlich-inhaltlichen Gesprächsverlauf mit dem Versuch, für alle sinnvollen Gesprächsverläufe Argumente zu liefern.

Mögliche **Inhalte**:
Vorgaben zur Gesprächseröffnung;
Richtlinien zur Unternehmensdarstellung;
Daten zum Produktnutzen und consumer-benefit;
Reaktionsabhängige Hinweise auf Zusatznutzen, besondere Bedingungen, Einwandbehandlung;
Hinweise zur Abschluss-Orientierung, Rabatte, zeitlich befristete Angebote;
Anweisungen zur Dokumentation von Gesprächspartner, Ergebnis, Anknüpfungspunkte für Verkauf.

Teil D - Führung und Zusammenarbeit

1. Zusammenarbeit, Kommunikation und Kooperation

1.1 Persönlichkeit und berufliche Entwicklung

Leistungsfähigkeit: die Gesamtheit der Kenntnisse und Fertigkeiten eines Menschen, aber auch die individuell unterschiedliche Begabung, diese zu kombinieren und sinnvoll einzusetzen.

Leistungsbereitschaft: die sich aus der individuellen Einstellung ergebende Motivation, die Leistungsfähigkeit auch abzurufen.

Einflussfaktoren: Selbstbild des Menschen; Wertesystem; Motivationsstruktur.

1.2 Sozialverhalten

Überwiegend in Kindheit und Jugend ausgeprägte Anpassung an das gesellschaftliche Umfeld. Dadurch im Kern geprägte, aber auch beim Erwachsenen stets veränderbare Formen der Interaktion mit anderen Menschen.

1.3 Aspekte bestimmter Personengruppen

Rechtliche Grundlage: Allgemeines Gleichbehandlungsgesetz (AGG); Verbot der Benachteiligung wegen Rasse, ethnischer Herkunft, Geschlecht, Religion oder Weltanschauung, Behinderung, Alter, sexueller Identität. Bei Verstößen eventuell

Schadenersatz- oder Entschädigungsansprüche gegen den Arbeitgeber.

Einzelne Personengruppen:
- **Jugendliche, Auszubildende** *(siehe auch Kap.5 Ausbildung):* Rechtsgrundlage Jugendarbeitsschutzgesetz (JArbSchG); für Ausbildung: Berufsbildungsgesetz (BBiG).
- **Senioren,** ältere Mitarbeiter: Teilzeitangebote; Nutzen der Erfahrung durch Aufträge für Mentoring *(siehe Kap. 4.1)*
- **Frauen:** Betreuungsangebote für Kinder; flexiblere Arbeitszeitmodelle; Übergangsregelungen nach Mutterschutz. *Feinmotorik*
- **Migranten:** Angebote von Sprach- / Integrationskursen; Bilden „gemischter" Teams bzw. Gruppen; Sprecher und/oder Tutor für jede Kulturgruppe.
- *Behinderte Menschen, IX SGB*

1.4 Zielorientiertes Führen: Stile; Methoden

Identifikation - mögliche Ursachen für mangelnde emotionale Bindung an die Firma:
- lückenhafter Informationsfluss;
- keine Einflussmöglichkeit;
- Gefühl der Vernachlässigung durch Vorgesetzte;
- Eindruck einer ungerechten Behandlung;
- Reaktion auf Überforderung.

Motivation - Maßnahmen: *Führungsmittel*
Kommunik. - Verbesserung der internen Kommunikation / Information; - - Möglichkeiten für Mitarbeiter zur Stellungnahme;
- Mitwirkung der Mitarbeiter durch Vorschlagswesen;
Anreize - Angebote für Fortbildung;
- Einführung einer Umsatzbeteiligung;
- Prämien bei Zielerreichung
- Durchführung von Gemeinschaftsveranstaltungen, Events.

Führen: ökonom., soziale Ziele

Teil D - Führung und Zusammenarbeit

Führungsstile: autoritär; kooperativ; laissez-faire; situativ.
(auch in Teil B: Unternehmensführung, Kap.4.2)
Autoritärer Führungsstil; Kennzeichen: Entscheidungen durch den Vorgesetzten ohne Rücksprache und ohne Begründung.
Vorteile: klare Regelung des Informationsflusses; einheitliche Anweisungen; klare Zuständigkeit und Verantwortung.
Nachteile: fehlende Teilhabe der Mitarbeiter; rückläufige Motivation der Mitarbeiter; evtl. Überforderung des Vorgesetzten; Gefahr von Fehlentscheidungen.
Geeignet in Funktionsbereichen ohne hohe Anforderungen an Flexibilität und Kreativität wie z.B. Durchführung von Buchungen, Eingabe von Daten; bei unmotivierten und/oder unqualifizierten Mitarbeitern.
Kooperativer Führungsstil; Kennzeichen: Entscheidungen durch den Vorgesetzten nach Rücksprache mit den betroffenen Mitarbeitern, argumentative Information über Entscheidungen, um Einhaltung aus Überzeugung zu erreichen.
Vorteile: Berücksichtigung aller Aspekte und Erfahrungen; Motivation der Mitarbeiter; qualifizierte Umsetzung.
Nachteile: Zeitbedarf; evtl. Verunsicherung der Mitarbeiter über Autorität des Vorgesetzten.
Geeignet in Funktionsbereichen mit höheren Ansprüchen an Flexibilität und Kreativität; bei motivierbaren und kompetenten Mitarbeitern.
„Laissez-faire"; genau genommen gar kein „Führungs"-Stil sondern das Ausbleiben von Führung durch den Vorgesetzten. Einziger Vorteil: kreative und engagierte Mitarbeiter können sich entfalten.
Situativer Führungsstil; Kennzeichen: je nach Situation, zu entscheidender Frage, betroffenem Funktionsbereich und Niveau der beteiligten Mitarbeiter mehr autoritäres oder mehr kooperatives Vorgehen

2-dim. *Grid-Modell*

Mehrdimensionaler Führungsstil = Kombination aus zwei oder mehr Verhaltensaspekten; z.B. nach Blake / Mouton Kombination aus Personen- und Sachorientierung, jeweils auf einer Skala von 1 – 9. Dementsprechend bedeuten die Extreme: 1.9 = reine Orientierung an den persönlichen Interessen der Mitarbeiter; 9.1 = reine Sachorientierung ohne Rücksichtnahme auf persönliche Faktoren; 1.1 Minimum an Aufwand; 9.9 = hohe Sachorientierung verbunden mit Engagement und persönlicher Identifikation.

Management-Techniken (auch: *Führungsmethoden* Management-Methoden; Führungstechniken –nicht verwechseln mit Führungsstil!)
(Teil B: Unternehmensführung, Kap. 4.2)
Allen Methoden gemeinsam ist das Ziel, Führungsebenen zu entlasten und auf die wesentlichen Führungsaufgaben zu fokussieren, indem nachgeordneten Instanzen mehr Aufgabe und Verantwortung übertragen werden. Resultierende Probleme und Aufgaben: Gefahr der Überforderung der nachgeordneten Instanzen; Problem der Organisation einer wirksamen Kontrolle.
Management by Objectives (MbO) = Führen durch Zielvereinbarungen.
Management by Exception (MbE) = Eingreifen der Führung bei Abweichung von einem vordefinierten Etwicklungspfad.
Management by Systems = weitgehende Selbstregulierung der einzelnen Systeme im Unternehmen auf Basis EDV-gestützter Verknüpfungen und Rückkopplungen.
MbD = by Delegation

Gegenstrom-Verfahren zur besseren Verbindung vorgegebener Ziele der Führungsebene („top-down") mit Erfahrungen nachgeordneter Instanzen durch entsprechende Rückmeldung („bottom-up").

Führungsmittel: arbeitsrechtlich – Anordnungen, Weisungen
Anreize – monetär, Status, Entwicklung
Kommunikation – informieren

Teil D - Führung und Zusammenarbeit

Eigen- u. Fremdbeobachtung

Führungsdefizite -Methoden zur Verbesserung:
Johari-Fenster
Unterscheidet in der Kommunikation zur Analyse von Selbst- und Fremdwahrnehmung die vier Bereiche:
- öffentlich = Bereich des freien Handeln (das bewusst angestrebte Ziel); *allen bekannt (FK -> bei Kollegen = Kollegen)*
- geheim = Bereich des Verbergens (Absicht, Eigenheit oder Ziel, die nur dem Kommunizierenden bekannt sind und unerkannt bleiben sollen); *nur mir bekannt (FK Fachgebiet kompetent -> MA verbe.)*
- unerkannt = blinder Fleck (Außenwirkung, die selbst nicht wahrgenommen wird) *mir anderen bekannt (Musik FK bei Vortrag -> Selbsbeust.)*
- unbekannt = Bereich des Unbewussten (dem Kommunizierenden nicht bekannte und auch nach außen nicht offensichtliche Eigenheiten) *keinem bekannt (Musik -> selber Instrument)*
Ziel ist Erweiterung des Anteils des öffentlichen Bereichs durch Offenlegung des Verborgenen und Bewusstmachen des Unerkannten durch Rückmeldung.

A	B
C	D

1.5 Grundsätze der Zusammenarbeit
Rechtzeitige und ausreichende Information der Mitarbeiter; respektvoller Umgang; Möglichkeiten für Mitarbeiter zu Stellungnahme bzw. Mitwirkung; Vorbildfunktion der Vorgesetzten; Verhalten und Entscheidungen nach sachlichen nachvollziehbaren einheitlichen Kriterien.

Umgang mit Werkzeugen, UVV, Überstunden, S-O-S

2 Mitarbeitergespräche

„4-Ohren-Modell"

Modell der Vierseitigkeit von Nachrichten (**von-Thun**)
(Teil C: Betriebliches Management, Kap. 5.4.)
Sachinhalt: konkrete Information;
Selbstoffenbarung: unbewusst mitschwingende Darlegung der emotionalen Befindlichkeit;
Beziehung: durch Sprechweise, Körpersprache, Wortwahl, Mimik beeinflusste Manifestation des Verhältnisses zum andern;
Appell: Aufforderung zu einer Reaktion.

Grundsätze für Mitarbeitergespräche:
Vertraulichkeit („Vier-Augen-Gespräch"); störungsfreie Umgebung; sachliches Verhalten; respektvoller Umgang; aktives Zuhören; Gelegenheit zu Stellungnahmen; zielorientierte Führung; Anstreben einer einvernehmlichen Vereinbarung.

Ablauf eines Mitarbeitergesprächs:
- Kontaktphase (Begrüßung, Gesprächseröffnung; evtl. Einstieg mit Gemeinsamkeiten am Rande des eigentlichen Themas);
- Orientierungsphase (Benennung des Themas und der generellen Zielsetzung des Gesprächs);
- Analysephase (Sichtung der Informationen; Auswertung zur Erarbeitung eines einvernehmlichen Ergebnisses);
- Lösungsphase (Einigung über weiteres auch zeitliches Vorgehen);
- Abschlussphase (Zusammenfassung, Ausblick).

Teil D - Führung und Zusammenarbeit

2.1 Anerkennungs- und Kritikgespräch

Fehler (Kritik): bekannt + belegbar, akzeptiert

Vorbereitung:
Sammeln von Informationen durch Personalabteilung, ggf. direkte Vorgesetzte über familiäre Verhältnisse, beruflichen Werdegang, Persönlichkeitsentwicklung, Stärken und Schwächen, besondere Vorkommnisse, Fehlzeiten; Terminvereinbarung mit zeitlichem Vorlauf, Organisation eines geeigneten Raums, Organisation einer störungsfreien Situation, Einplanung ausreichenden Zeitfensters. *sachlich, wie Person kritisieren, alleine + persönlich; kein Nebenkriegsschauplätze;*

Ablauf eines Kritikgesprächs (zum generellen Ablauf eines Mitarbeitergesprächs siehe oben): *Wirkung d. neg. Verh.*

- Begrüßung, Gesprächseröffnung; Einstieg mit Betonung positiver Aspekte und Gemeinsamkeiten; *aufzeigen*
- Benennung der konkreten Kritikpunkte, evtl. mit Hinweis auf entsprechende Richtlinien, Regeln und Vereinbarungen;
- Benennung eingetretener negativer Auswirkungen (materielle oder finanzielle Schäden; Beeinträchtigung des Betriebsklimas);
- Gelegenheit zu Stellungnahme des Betroffenen; *(ausreichend Zeit)*
- evtl. nähere Aufklärung der Informationen und Umstände; *Ursachenforschung*
- Erarbeitung einer einvernehmlichen Vereinbarung über weiteres auch zeitliches Vorgehen, evtl. einschließlich Hinweis auf andernfalls drohender Konsequenzen; *MA + FK* *in Person od. betriebl. Sit.*
- Zusammenfassung, evtl. Betonung unterstützender Maßnahmen und Angebote, Ausblick; evtl. bereits Vereinbarung eines Folgetermins.

aus MA-Sicht:
- *Leistungsanreiz + Orientierung*
- *Spiegelfhr.*
- *Recht auf Beurteilung*
- *Schutz v. subjekt. Beurteilung*
- *Aufstieg*

2.2 Beurteilungsgespräch: Beurteilungskriterien; Gesprächsablauf; Beurteilungsfehler

Gründe für Einführung eines Beurteilungssystems: *aus betriebl. Sicht*
- Ermittlung von Leistungsniveau der Mitarbeiter;
- Voraussetzung für Potentialanalyse;
- Basis für gezielte Personalentwicklung;
- Schaffung objektiver Voraussetzungen für Leistungszulagen; *Förderung*
- Material für Erstellung von (Zwischen-) Zeugnissen;
- Voraussetzung für gezielte Versetzungen zur Personalentwicklung. *, Erkennung v. Leistungsdefiziten*

Beurteilungsrichtung:
- Vorgesetztenbeurteilung: Vorgesetzte beurteilen Mitarbeiter
- Mitarbeiterbeurteilung: Mitarbeiter beurteilen Vorgesetzte
- Kollegenbeurteilung: gegenseitige Beurteilung auf gleicher Hierarchie-Ebene
- Selbstbeurteilung: Mitarbeiter beurteilen sich selbst

Grundsätze für die Durchführung einer (Vorgesetzten-) Beurteilung:
- maximale Objektivität;
- vorbereiteter strukturierter einheitlicher Ablauf durch Verwendung von Beurteilungsformularen (siehe unten);
- einheitliche klare Kriterien der Beurteilung;
- Abgrenzung der zu beurteilenden Bereiche.

Anlässe:
regelmäßig: Probezeit
Künd.schutz
Entgeltüberprüf.
Zeitabstände

unregelm.: Versetzung
Beförderung
Wechsel FK
Fortbildung
Wunsch
Entgeltüberp.
Ausscheiden MA

Teil D - Führung und Zusammenarbeit

Potential- u. Leistungsbeurteilung

Bewertungssysteme / -kriterien:

Verfahren / Maßstäbe
- **freie Bewertung:** unstrukturiert erzählend oder teilstrukturiert durch Vorgabe von Fragestellungen, Verwendung von Beurteilungsformularen (siehe unten);
Gebundene Bewertungen:
- **Rangordnungsverfahren:** vergleichende Beurteilung einer begrenzten Zahl von Mitarbeitern nach gleichen Merkmalen zur Erstellung einer Rangliste; Auswertung insgesamt nach Platzierungssummen oder nach einzelnen Merkmalen möglich;
- **Einstufungsverfahren:** Beurteilung verschiedener Merkmale oder Eigenschaften auf einer mehrstufigen Skala.

Beurteilungsformulare (Beurteilungsbögen)
Form
Geschlossene (gebundene) Form: Fragen und Antwortmöglichkeiten vorgegeben; Vorteil: Vergleichbarkeit; Transparenz; Zeitersparnis.
Freie Form: weitgehende Freiheit in Reihenfolge und Angabemethodik. Vorteil: Differenzierungen; Flexibilität.
Mischform: Kombination der Vorteile; Möglichkeit für Kommentare zu Bewertungen.

Beurteilungsfehler:
- **Übernahmefehler** = Wiederholung einer früheren Beurteilung unter Verkennung eingetretener Änderungen;
- **Halo-Effekt** = Rückschluss von bekannten Eigenschaften / Verhaltensweisen auf unbekannte; *(Deutlichkeit ↔ Genauigkeit)*
- **Hierarchieeffekt** = tendenziell bessere Beurteilung bei höherer Stellung;
- **Primacy-Effekt** = stärkere Gewichtung der ersten Eindrücke;
- **Recency- (Nikolaus-)Effekt** = stärkere Gewichtung jüngerer Ereignisse;

Kriterien: Arbeitsverhalten, Führung & Zusammenarbeit, Kognitive Fähigkeiten

- Kleber-Effekt
- Sympathie / Antipathie

- **Andorra-Phänomen** = Anpassung des Verhaltens an Erwartungen / Vorurteile der Umwelt, damit Selbsterfüllung der Beurteilung;
- **Pygmalion-Phänomen** = Anpassung des Verhaltens an Erwartungen, Vorurteile des Vorgesetzten;
- **Kontrastfehler** = unbewusste Verfälschung des Urteils durch Vergleich mit anderem Mitarbeiter oder eigenem Verhalten;
- **Projektions- (Ähnlichkeits-)fehler** = Übertragen von Eigenschaften oder Problemen auf den zu Beurteilenden;
- **Tendenzfehler** = entweder aus der persönlichen Einstellung des Beurteilenden oder Verwendung eines falschen Maßstabs resultierende Verzerrung in eine Richtung („Tendenz zur Milde" bzw. „Tendenz zur Strenge") oder („Tendenz zur Mitte") aus Unsicherheit Vermeiden eindeutiger Urteile.

Verlauf
- Vorbereitung (Rahmen, Ziel, Infos, letzte Beurteilung)
1. Eröffnung
2. positive Punkte
3. negative -"-
4. MA Fakten bewerten
5. Maßnahmen diskutieren (Hilfe zur Selbsthilfe)
6. Abschluß + Aktionsplan + Zusammenfassung

Teil D - Führung und Zusammenarbeit

3. Konfliktmanagement

3.1 Konflikte: Ursachen und Abhilfe

Konfliktarten:
Fehlende Kenntnis und Achtung der Arbeit anderer; Abhilfe durch regelmäßige Treffen, Bildung von Teams.

Fehlende Kenntnisse aufgrund mangelnder Information; Abhilfe durch Organisation des Informationsflusses, Durchführung von Workshops.

Fehlende Verständigungsbereitschaft; Abhilfe: gemeinsames Erarbeiten von Kommunikationsrichtlinien, Objektivierung der Vorteile besserer Kommunikation

Unterschiedliche Zielvorstellungen oder Wertebasis; Abhilfe: Erarbeiten gemeinsamer Ziele, Leitsätze; externe Seminare.

Neid, Missgunst, Empfinden von ungerechter Behandlung; Abhilfe: Konfliktgespräch zur Offenbarung der Ursachen; Objektivierung der Beurteilung, Entlohnung.

3.2 Vermeidung von Konflikten

Konfliktfelder:
Bewertungskonflikte = Uneinigkeit über Ziele; Vorbeugung durch verbindliches und akzeptiertes Leitbild.
Beurteilungskonflikte = Uneinigkeit über Weg; Vorbeugung durch Erstellung einer Übersicht aller Möglichkeiten, Erarbeitung gemeinsamer Entscheidungskriterien.
Beziehungskonflikte = Uneinigkeit über die Zusammenarbeit; Vorbeugung durch klare Zuständigkeiten und Verhaltensprinzipien.

Konfliktlösungsstrategie:
Mediation
3-Stufen-Strategie (alleine, neutrale P., Schiedsgericht)
6-Hüte-Strategie (de Bono)
Harvard - Würfel

3.3 Umgang mit Konflikten

Siehe auch Teil C: Betriebliches Management;, Kap. 5.4.4)

Mediation („Vermittlung")
Sachliche Ermittlung der bestehenden Differenzen durch den Mediator; gemeinsame Analyse mit den Konfliktparteien. Ziel ist ein Konsens zwischen den Parteien.
Vorgehensweise:
1. Vorbereitung; der Mediator sammelt und sichtet alle wesentlichen Informationen;
2. Gesprächsorganisation; Einladung an alle Beteiligten:
3. Stellungnahmen der Betroffenen;
4. mit Anleitung des Mediators Suche nach Konsenspunkten;
5. Formulierung von Kompromissvorschlägen;
6. Treffen einer verbindlichen Vereinbarung.

Moderation
s.u. 6. Moderation von Projektgruppen

3.4 Überwindung von Widerständen gegen Veränderungen

Ursachen für Widerstände:
- generelle Angst der Menschen vor dem Unbekannten; *Unsicherheit*
- Angst vor Überforderung;
- Bequemlichkeit;
- Furcht vor dem Verlust von Privilegien.

Vorbeugende Maßnahmen:
- Umfassende und rechtzeitige Information;
- Einbeziehung von Meinungen und Vorschlägen;
- Kommunikation der Motive und Vorteile.

od. (aber falsch): Bombenwurfstrategie, Manipulation, Drohung, Befehl.

Teil D - Führung und Zusammenarbeit

Rollen – Typen und Maßnahmen
(auch im Teil B: Unternehmensführung, Kap. 4.2.4)
Außenseiter – integrieren
Informelle Führer – kooperieren
Wichtigtuer – limitieren
Saboteure – isolieren

Weitere Rollen: Clown; Verweigerer; Schüchterner; aggressiver Meinungsführer.

→ Methoden zur Überwindung:
- MbO
- KVP, Kaizen
- Lernstatt, Qualitätszirkel
- MbD
- Projektmanagement
- Infos + Feedback, Workshops

- Gehalts- u. /slg. anreize
- Training
- Laufbahnplanung
- Coaching
- CI

⇒ „Betroffene zu Beteiligten machen"

Change-Management: (lernende Orga)
flexible Anpassung an ständige Umweltveränderungen
(inkl. MA)
⇒ Instrumentenkasten (harte u. weiche Faktoren)

4. Mitarbeiterförderung

Job-Enlargement, -Enrichement, -Rotation in den Fächern Unternehmensführung und Betriebliches Management

Job-Enlargement: Erweiterung des Aufgabenbereichs;
Job-Enrichement: „Anreicherung" des Aufgabenbereichs;
Job-Rotation: Tausch der Aufgabenbereiche.

4.1 Personalentwicklung

(Thema im Teil D:Betriebliches Management, Kap 5.2.3)
Ziele Unternehmen: qualifiziertere Mitarbeiter; Kundenzufriedenheit; Kostenersparnis durch optimale Arbeitsabläufe; Wettbewerbsvorteile
Ziele Mitarbeiter: Gehaltsverbesserung; Aufstiegschancen; Zufriedenheit; persönliche Entwicklung

Maßnahmen
On the job = direkt am Arbeitsplatz (Vorteil: praxisnah, gewohnte Umgebung; Nachteil: Störungen möglich, weniger theoretisch);
Off the job = Seminare extern (Vorteil: ungestört; spezialisiert; Nachteil: praxisfern, kostspielig);
Near the job = arbeitsplatznahe Förderung
Into the job = Einarbeitung

Insbesondere für **Führungskräfte:**
Coaching = individuelle Beratung / Betreuung zur Förderung und Entwicklung der individuellen Leistungsfähigkeit und Kompetenzen.
Mentoring = Weitergabe von fachlichem Wissen und/oder methodischen Kenntnissen durch einen erfahrenen Mitarbeiter (**Mentor**) zur Förderung eines jüngeren bzw. neuen Mitarbeiters (**Mentee**).

Teil D - Führung und Zusammenarbeit

Trainee = Jung-Akademiker, der als Orientierungsphase zunächst verschiedene Bereiche des Unternehmens durchläuft.
(siehe Teil C: Betriebliches Management, Kap. 2.3)

Seminare:
Teil B: Unternehmensführung, Kap. 4.3.1
Auswahlkriterien Seminaranbieter:
- Kosten?
- Referenzen?
- Evaluation; Qualitätskontrollen?
- Ausstattung technisch, räumlich?
- Qualifikation der Referenten, Moderatoren?
- Unterlagen?
- Unterstützung bei Transfer in die Praxis?

4.2 Potentialanalyse

Systematische Erfassung von Stärken, Schwächen und speziellen Eigenheiten der Mitarbeiter unter dem Aspekt, eine objektive Basis für den Einsatz passender Maßnahmen der Personalentwicklung zu gewinnen und/oder eine Beurteilungsgrundlage für die interne Beförderung.

Einheitliches Schema mit Aufstellung von verschiedenen Anforderungen bzw. Eigenschaften zur Bewertung auf normierter Skala; zugleich Basis für die Erstellung eines (graphischen) Profils und einen Vergleich der Entwicklung im Laufe der Zeit.

4.3 Personaleinschätzung

Anforderungsprofil für Führungskräfte - Kriterien:
Führungserfahrung; Ausbildung; spezielle Methodenkenntnisse; Berufserfahrung

5. Ausbildung
Einführungstag Ablaufplan
- persönlicher Empfang; lockere Begrüßung;
- Betriebsbegehung;
- Information über betriebliche Einrichtungen wie Kantine, Erste-Hilfe, Pausenräume, Freizeiteinrichtungen; Parkmöglichkeiten bzw. Haltestellen öffentl. Nahverkehr;
- Vorstellen der Ansprechpartner;
- Vorstellung der Jugendvertretung;
- Erläuterung des Ausbildungsplans;
- Erklären des Ausbildungsnachweises bzw. Berichtsheftes;
- Hinführung zur ersten Ausbildungsstation oder Erläuterung des Ablaufs einer Einführungswoche.

5.1 Rechtliche Rahmenbedingungen

Möglichkeiten, das partielle Fehlen von betriebsinternen Voraussetzungen für die Durchführung der Ausbildung auszugleichen:

Verbundausbildung nach § 10 Abs. 5 BBiG: Zusammenschluss bzw. Kooperation mit anderen Unternehmen

Außerbetriebliche Ausbildung, z. B. in einem befreundeten Unternehmen, das die fehlenden Inhalte vermitteln kann

Oberbetriebliche Ausbildung: Die fehlenden Inhalte werden in einem von der zuständigen Stelle anerkannten Lehrgang vermittelt.

Verkürzen der Ausbildungsdauer:
Die Ausbildungszeit kann bei berechtigtem Interesse auch in Form einer Teilzeitausbildung erfolgen(§ 8 BBiG). Verkürzungsmöglichkeit besteht bei einem höheren Bildungsabschluss. Die Verkürzung muss durch gemeinsamen Antrag von Ausbildendem und Auszubildendem bei der zuständigen Stelle beantragt werden.

Teil D - Führung und Zusammenarbeit

5.2 Ausbilder-Eignungsverordnung
Fragen bei Einführung betrieblicher Ausbildung:
Welche Berufe kommen für das jeweilige Unternehmen in Frage? Wie lange dauert die Ausbildung in der Regel? In welcher Berufsschule erfolgt der zu dieser Ausbildung gehörende Unterricht? Welche Anforderungen werden an die betriebliche Ausstattung gestellt? Gibt es spezielle Anforderungen an die fachliche Eignung des Ausbilders?

5.3 Anforderungen an Ausbilder
Persönliche Eignung; setzt „Unbescholtenheit" voraus. Keine Eignung z.B. bei früheren wiederholten oder schweren Verstößen gegen das BBiG und bei Verbot der Beschäftigung von Kindern und Jugendlichen.
Fachliche Eignung; Nachweis der erforderlichen Fertigkeiten, Kenntnisse und Fähigkeiten durch eine entsprechende Abschlussprüfung.. *u. Berufserfahrung*
Pädagogische Eignung; nachgewiesene methodische Kompetenz zum Planen, Durchführen und Kontrollieren der Ausbildung.
Aufgaben von Ausbildern - Beispiele:
- Schaffen lernfördernder Bedingungen;
- Herstellen einer motivierenden Lernkultur;
- Organisation und Gestaltung der Probezeit;
- Entwicklung betrieblicher Übungsaufgaben;
- Auswahl und Einsatz geeigneter Methoden;
- individuelle Unterstützung bei Lernproblemen;
- Förderung auch der sozialen und persönlichen Entwicklung der Auszubildenden;
- Bewertung von Leistungen.

5.4 Beteiligte und Mitwirkende an der Ausbildung

Unternehmen, Ausbilder, Berufsschule, Industrie- und Handelskammern. *Betr.rat, FK,*

5.5 Individuelle Bildungsmaßnahmen

Ausbildung in außerbetriebl. Einrichtung

Lehrgespräche; Kooperationen mit anderen Unternehmen zum zeitweisen Austausch; Exkursionen; Schulungen, Vorträge durch externe Spezialisten. *Hospitation Lieferanten, Kunden, Lernsoftware*

AbH = bei Lernbarrieren, Sprachdefiziten

5.6 Prüfungsdurchführung

Regelungen in den jeweiligen Ausbildungsordnungen.
Ausgabe der **Anmeldung**sformulare durch zuständige Stellen an die Betriebe.
Zwischenprüfung zur Hälfte der Ausbildungszeit geht nicht in die Endnote ein, muss aber abgelegt werden. *techn. - gewerblicher Bereich*
Schriftliche Prüfung zu theoretischen Sachverhalten; **mündliche Prüfung** häufig als Kombination aus Präsentation zu einem vom Auszubildenden selbst gewählten Thema mit anschließendem Fachgespräch oder **praktische Prüfung** mit Anfertigung von Arbeitsproben.
Bei **Nichtbestehen** kann 2x wiederholt werden; die Ausbildungszeit verlängert sich bis zur nächsten Prüfung, längstens um ein Jahr.

5.7 Ausstattung der Arbeitsumgebung

Grundlagen: Ausbildungsordnung und Jugendarbeitsschutzgesetz

Teil D - Führung und Zusammenarbeit

5.8 Unterweisung

Leittextmethode
schriftliche Anleitung zum selbstständigen Lernen. Zu einer allgemeineren Leitfrage informieren sich die Auszubildenden selbst und planen konkrete Schritte. In Absprache mit dem Ausbilder erfolgt die Entscheidung für einen Lösungsvorschlag. Durchführung und Auswertung finden sowohl in Selbst- als auch Fremdkontrolle statt.
Methode kommt nur in Betracht, wenn der Auszubildende bereits über Grundkenntnisse verfügt und entsprechend motiviert ist.

4-Stufen-Methode

1.: Vorbereitung
Vorbereitung des Arbeitsplatzes und der Hilfsmittel,
Vorbereitung des Auszubildenden und des Ausbilders,
Lernziel und Thema werden dem Auszubildenden genannt

2:. Vorführung
Ausbilder führt vor und erklärt die einzelnen Lernschritte
Bewertungskriterien werden genannt

3. Nachvollziehen durch den Auszubildenden, falls erforderlich wird vom Ausbilder korrigierend eingegriffen

4. Abschluss/Erfolgskontrolle
Zusammenfassung mit eigenen Worten bzw. eine nochmalige Durchführung durch den Auszubildenden werden vom Ausbilder gefordert, eventuelle Fertigkeits- und Kenntnislücken werden dabei geschlossen, der Bezug zur Praxis wird hergestellt und das Üben veranlasst sowie die Eintragung ins Ausbildungsnachweisheft.

Beispiele für die **Anwendung weiterer** nicht ausbildungsspezifischer **Methoden**:

Kurzvortrag; Vorführung; Rollenspiel; Brain-storming; Diskussion; Mind-mapping.

5.9 Außer- und überbetriebliche Ausbildung

Ausbildung im Zusammenwirken von speziellen, von der Agentur für Arbeit beauftragten Bildungsträgern für den theoretischen und Ausbildungsbetrieben für den praktischen Teil. Eventuell auch Eingliederung entsprechender Einrichtungen („Lehrwerkstätten") innerhalb dieser Bildungsträger.
Als „außerbetriebliche Ausbildung" werden auch bestimmte Kooperationen zwischen Ausbildungsbetrieben bezeichnet *(siehe Kap. 5.1)*

5.10 Maßnahmen der Personalentwicklung

(siehe Kap. 4)

→ informieren →
beraten   planen
↑   ↓
kontrollieren   entscheiden
↖ ausführen ↙

Ausbilder wirkt mit

Teil D - Führung und Zusammenarbeit

6. Moderation von Projektgruppen

Projekt ist eine besondere, vom üblichen Ablauf klar abgegrenzte und zeitlich befristete Aufgabenstellung.

Verhältnis Projekt – Linie: Die Mitarbeiter im Projekt-Team können je nach zeitlicher Anforderung durch das Projekt entweder ganz oder teilweise von ihren bisherigen Aufgaben frei gestellt werden oder die Projektarbeit zusätzlich bewältigen. Bei völliger Freistellung: Vorteil der Konzentration auf Projekt, Nachteil des Kontaktverlustes zu Organisation, Isolation des Projekts.

Projektziel: Anforderung an Formulierung nach SMART-Formel
Teil
Spezifisch-Messbar-Akzeptiert-Realistisch-Terminiert.

6.1 Arbeitsgruppen, Teams und Projektgruppen

Besetzung von (Projekt-)Gruppen – Kriterien:
- bei zu geringer Anzahl an Beteiligten Gefahr von Überforderung;
- bei zu großer Anzahl an Beteiligten Gefahr von Ineffektivität;
- benötigte Fach- und evtl. auch Leitungs-Kompetenzen;
- zu berücksichtigende Abteilungen, Bereiche;
- persönliche Eignung der Beteiligten nach sozialer und kommunikativer Kompetenz;
- Zeitbedarf; Verträglichkeit mit Aufgaben in der Linienorganisation, Fachabteilung.

Phasen der Gruppendynamik

- Orientierung (**Formung**): Erste Konfrontation mit Aufgabe und Begegnung mit Team
- Konflikt (**Strömung**): Rangordnungskämpfe; Konflikte um Stellung, Kompetenzen, Ressourcen;
- Kooperation (**Normung**): Entwicklung gemeinsamer Normen und Werte, Herausbildung eines Wir-Gefühls;
- Integration (**Performanz**): Konstruktive Lösung von Problemen, Fokussierung auf Projektaufgabe.

Kommunikation in Gruppen:
„sternförmig" = Sammeln und Verteilen der Informationen durch einen Koordinator;
„netzförmig" = unkoordinierte Kommunikation aller miteinander; Regelfall bei informellen Gruppen.

Vorteile von Projektarbeit
- Bündelung von Kompetenzen, Spezialwissen verschiedener Bereiche;
- Ansporn zu Kreativität und neuen Ansätzen;
- Förderung von Kooperationsfähigkeit über das Projekt hinaus;
- persönliche und fachliche Weiterentwicklung der Beteiligten;
- Entwicklung von Methodenkompetenz;
- Belebung der Motivation von Mitarbeitern.

Teil D - Führung und Zusammenarbeit

6.2 Moderieren: geteilte Moderation; Vorbereitung; Kreativitätstechniken; Nachbereitung

Moderation = Gestaltung eines kreativen Lösungsprozesses in einer Gruppe durch einen an der Kommunikation Beteiligten, der auf Einhaltung von Kommunikationsregeln und Zielorientierung achtet und zwischen Positionen, Thesen und Vorschlägen vermittelt. Bei **geteilter Moderation** Wechselspiel zwischen zwei Moderatoren, teilweise zur Belebung der Diskussion durch forcierte gegensätzliche Positionen, teilweise zur Arbeitsteilung zwischen inhaltlicher Beteiligung und Steuerung einerseits und Koordination und Zusammenfassung andererseits.

Aufgaben des Moderators:
- Teilnehmer und sich selbst vorstellen;
- Klärung von Thema und Zielsetzung;
- Vermittlung von Verhaltensregeln, eventuellen Zeitvorgaben;
- Festlegung und Kontrolle des Ablaufs;
- Aufgreifen und Sortieren von Ideen;
- Strukturierung nach gemeinsamen Merkmalen;
- Gewichtung und Bewertung der aufgekommen Ideen.

Anforderungen an den Moderator:
- fachliche Kompetenz für die Strukturierung des Themas und der Beiträge;
- methodische Kompetenz im Einsatz der technischen Mittel;
- natürliche Autorität;
- kommunikative Kompetenz.

6.3 Steuern von Arbeits- und Projektgruppen

Probleme in Projektgruppen:
- Fachliche Überforderung von Mitgliedern;
- Zeitliche Belastung;
- Interessenkonflikte mit Linienorganisation
- Konflikte um Ressourcen
- Interne Konflikte

6.4 Projektabschluss

Probleme bei Einführung und Gegenmaßnahmen:
- fehlende Akzeptanz in der Anwendung; Schulung, rechtzeitige Einbindung;
- Abwehr aus Angst vor Veränderungen; Einbindung aufgeschlossener Mitarbeiter als Multiplikatoren, key-user;
- fehlerhafte Anwendung, Umsetzung; Schulung, Optimierung des Projektergebnisses nach Vorschlägen der Betroffenen;
- rechtliche Bedenken; objektive Informationen durch externe Sachverständige.

Auswertung der Erfahrungen:
- Abschlussbericht; → Sitzung
- Dokumentation des Ablaufs, insbesondere der Meilensteine;
- Soll-/Ist-Vergleich Zielvorgabe / Zielerreichung;
- Soll-/Ist-Vergleich geplante / verbrauchte Ressourcen incl. Einhalten bzw. Überschreiten der Zeitplanung;
- Merksätze der zentralen Fehler bzw. Erfahrungen für künftige Projekte;
- evtl. Vermerke hinsichtlich Personalentwicklung

Danke, Reintegration, Feedback anholen, Know-How + positive Erfahrungen umsetzen

Teil D - Führung und Zusammenarbeit

7 Präsentationstechniken

Die Unterpunkte nach RSP:
7.1 Ziel und Gegenstand einer Präsentation
7.2 Voraussetzungen für eine erfolgreiche Präsentation
7.3 Präsentation: Thema und Ziel; Zielgruppe; Vorbereitung
7.4 Präsentation: Umsetzung
lassen sich nicht sinnvoll isoliert darstellen. Die bisher gestellten Klausuraufgaben bezogen sich auch stets auf mehrere dieser Unterpunkte

Grundsätzliches **Vorgehen:**
- **Organisation:** Termin und Zeitraum; Raumreservierung; rechtzeitige vollständige Einladung; Präsentationstechnik; Unterlagen für Teilnehmer, evtl. incl. Bewertungsformulare; Bewirtung; Beteiligte incl. Begrüßung und Schlusswort.
- **Zielgruppenanalyse:** Beschaffen und Auswerten von Informationen über Alter, Herkunft, Interessenlage, Vorbildung, Hierarchiegrad, Zeitbudget und Anzahl der Teilnehmer.
- **Präsentation:** Einleitung mit aufmerksamkeitsstarker These; Hauptteil mit Visualisierung der Struktur des Vortrags; sparsame (graphische) Verwendung von Zahlen; Zusammenfassung als Pointierung im Hinblick auf anschießende Fragen, Diskussion.

Inhaltliche Vorbereitung der Präsentation – Fünf-Phasen-Modell:
1. **Sammeln** und übersichtliches Auflisten aller relevanten Informationen;
2. **Analyse** dieser Informationen auf Struktur und gemeinsame Merkmale durch Sortieren;
3. **Gliederung** des Stoffs unter Straffung auf einen „roten Faden";
4. **kritische Durchsicht** und Überarbeitung auf Stringenz der

Darlegung und Zeitbedarf, Vorbereitung von hand-outs;
5. Notizen als Gedankenstützen und für den Vortrag belebende Beispiele, Bonmots etc.

Struktur der Präsentation im Einzelnen
Einleitung: max. 15% des Umfangs; kann je nach Anlass und Zielgruppe enthalten:
- Begrüßung (evtl. durch Vorgesetzten als Gastgeber);
- Selbstvorstellung (Name, Funktion, Verhältnis zum Thema)
- knappe Einstiegsthese oder Zitat oder Faktum, evtl. auch als rhetorische Frage zur Bindung der Aufmerksamkeit und Einbeziehung der Zuhörer;
- Formulierung des Themas, evtl. knappe Information über Struktur und Zeitdauer der Präsentation;
- inhaltliche Einführung, Darstellung der Ausgangslage als Hinführung zum Hauptteil.
Hauptteil: in erster Linie abhängig von der Themenstellung; z.B. Gegenüberstellung von Entscheidungsalternativen: Begründung der Entscheidungskriterien, Erläuterung der Alternativen nach gleichem Schema; oder Vorstellung eines neuen Angebots: Darlegung von Grundnutzen des Angebots, Abgrenzung der Zielgruppe, Begründung von Zusatznutzen für diese Gruppe, Vergleich mit entsprechenden Eigenschaften des Angebots, Ableitung der Grundrichtungen im Marketing-Mix.
Schlussteil: Empfehlung; Zielformulierung; Leitmotto. Dank an die Teilnehmer. – Evtl. durch andere Person: Moderation einer Diskussion; Verabschiedung.

Auswertung
Bewertungsbögen zur Beurteilung von Inhalt, Nutzen und Form der Präsentation mit Notenskala; direkte Reaktion durch Applaus, Diskussionsbeteiligung; indirekte Reaktion durch spätere Nachfragen, Bestellungen, Kontakte.

Anlagen
Prüfungsordnung für Wirtschaftsfachwirte:
Auszug

§ 3: (5) Die Teilprüfung „Handlungsspezifische Qualifikationen" ist ... schriftlich in Form von handlungsorientierten Aufgabenstellungen nach § 5 sowie mündlich in Form eines situationsbezogenen Fachgespräches mit Präsentation zu prüfen.
(6) Das situationsbezogene Fachgespräch mit Präsentation nach Absatz 5 wird inhaltlich aufbauend auf die Aufgabenstellung nach § 5 durchgeführt und soll nicht länger als 30 Minuten dauern. Es soll sich inhaltlich auf die Qualifikations- und Handlungsbereiche nach den Absätzen 2 und 3 beziehen, der Schwerpunkt soll auf Absatz 3 Nr. 5 liegen. Es ist eine Vorbereitungszeit von höchstens 30 Minuten zu gewähren. Die Präsentation geht mit einem Drittel in die Bewertung der mündlichen Prüfung ein. Die mündliche Prüfung wird erst nach dem erfolgreichen Abschluss der schriftlichen Teilprüfungen nach den Absätzen 4 und 5 durchgeführt.
(In Absatz 3 Nr. 5 steht: Führung und Zusammenarbeit)

§ 7: (3) Für die Teilprüfung „Handlungsspezifische Qualifikationen" ist eine Note aus dem arithmetischen Mittel der Punktebewertung der schriftlichen Situationsaufgabe und der Punktebewertung der mündlichen Prüfung nach § 3 Abs. 6 zu bilden.
(4) Die Prüfung ist insgesamt bestanden, wenn in allen Prüfungsleistungen mindestens ausreichende Leistungen erbracht wurden.

Hilfsmittelliste 2013

Ab dem Prüfungsjahr 2013 sind die zugelassenen Hilfsmittel für die Prüfung der Wirtschaftsfachwirte neu wie folgt geregelt:

Alle Qualifikationsbereiche: Lineal; netzunabhängiger, nicht kommunikationsfähiger Taschenrechner

Wirtschaftsbezogene Qualifikationen, zusätzlich in

Volks-und Betriebswirtschaft: Gesetzestexte, insbesondere BGB, HGB, GWB, UWG bzw. Gesetzessammlungen, in denen diese Gesetze Bestandteil sind.

Rechnungswesen: IHK-Formelsammlung

Recht und Steuern: Gesetzestexte, insbesondere BGB, HGB, Arbeitsgesetze, GWB, UWG, Steuergesetze jeweils mit Durchführungsverordnung bzw. Gesetzessammlungen, in denen diese Gesetze Bestandteile sind.

Handlungsspezifische Qualifikationen zusätzlich: Gesetzestexte, insbesondere Arbeitsgesetze, BGB, HG B bzw. Gesetzessammlungen, in denen diese Gesetze Bestandteile sind; IHK-Formelsammlung.

Die IHK-Formelsammlung wird von der prüfenden IHK für die Dauer der Prüfung zur Verfügung gestellt.

Anlagen

e-books für Wirtschaftsfachwirte im Fachwirteverlag:

nur bei www.amazon.de erhältlich!

- Klausur- und Lernpraxis
- Wirtschaftsfachwirt – Infopaket

Reihe „Prüfungswissen kompakt":
- Volks- und Betriebswirtschaft
- Unternehmensführung
- Rechnungswesen
- Betriebliches Management
- Marketing und Vertrieb
- Beschaffung und Logistik
- Führung und Zusammenarbeit

(z.T. in Vorbereitung)

Print-Ausgaben für Wirtschaftsfachwirte

Geprüfter Wirtschaftsfachwirt werden: Intensivtraining für eine erfolgreiche IHK-Prüfung. WeConsult-Verlag
ISBN: 978-3877178331

Stichwortverzeichnis

4-Ohren-Modell 116
4-Stufen-Methode 139
ABC-Analyse 64, 108
Ablauforganisation 63
Andorra-Phänomen 130
Assessment-Center 85, 102
Audit 54
Aufbauorganisation 58
Aufgabenanalyse 58
Ausbildung 40, 83, 136
   außerbetriebliche 136
   Dauer 136
   Eignungsverordnung 137
   Einführungstag 42
   Methoden 139
Balkendiagramm 63
Bedürfnispyramide 69
Benchmarking 52, 96
Betriebliche Kennzahlen 96
Betriebliches Management 87
Betriebsorganisation 47
Beurteilungsfehler 128
Beurteilungsgespräch 36
Bewerbungsgespräch 118
Bewerbungsunterlagen 118
Bionik 110

Blake / Mouton 73, 124
bottom up 52
Brainstorming 109
Brainwriting 110
Break-even 66
Break-even-Analyse 53, 97
Cash Cows 52, 95
Change-Management 38, 62, 99
Coaching 83, 134
Corporate Governance 47
Corporate Identity 48
Cost-Center 62
Datenschutzmanagement 57
Deckungsbeitragsrechnung 53, 97
Delegation 69
Dogs 52
Einliniensystem 61
Eisenhower-Methode 71, 108
Entgeltformen 82
Entscheidungsmatrix 111
Entscheidungsverfahren 111
Erfahrungskurvenanalyse 93
Explizites Wissen 105
Flussdiagramm 63

FMEA 109
Förderung
　innerbetrieblich 101
Fortbildung 83
Fortbildungsarten 83
Führungskompetenzen 43
Führungsstil 34
Führungsstile 43, 71, 123
Gegenstromplanung 52, 124
Gesprächsführung 75
Gesprächsleitfaden 119
Gruppen 73
　Phasen 115
　Gruppenbildung
　Phasen 75
Halo-Effekt 129
Hierarchieeffekt 129
Identifikation 122
implizites Wissen 105
Instanzen 59
Ishikawa 65, 109
Job-Enlargement 84
Job-Enrichment 84
Job-Rotation 84
Johari-Fenster 125
Kohäsion 73
Kommunikation 74, 142
　Regeln 117
Kompetenzen 86
Konfliktarten 44
Konfliktmanagement 131
Konfliktursachen 76
Kontrastfehler 130

Kontrollspanne 59
Kreativitätstechniken 45, 109
Kritikgespräch 127
kritischer Pfad 64
KVP 55
Lastenheft 106
Leitbild 48
　Funktionen 88
Leittextmethode 139
Liniensysteme 61
Interviewtechnik 118
Management
　Aufgaben 87
Management by 124
Management by 70
Managementsysteme 53
Management-Techniken 70
Matrixorganisation 62
Mediation 117, 132
Mehrliniensystem 61
Mentee 106
Mentoring 106, 134
Mind Mapping 110
Mitarbeiterförderung 134
Mitarbeitergespräche 126
Mittelwerte 65
Moderation 44, 143
Morphologischer Kasten 111
Motivation 68, 122
Motivationen 37
Netzplantechnik 63

Stichwortverzeichnis

Nikolaus-Effekt 129
Nutzwertanalyse 113
Oberbetriebliche Ausbildung 136
operations research 97
Organisation
 Anforderungen 58
 Formen 60
Organisationsentwicklung 62, 98
Pareto 108
Personalabbau 81
Personalanpassungsmaßnahmen 81
Personalbedarf
 Berechnung 78
Personalentwicklung 83
Personalführung 67
Personalmanagement 67
Personalmarketing 79
Personalplanung 77
Pflichtenheft 106
Planung 50
Planungshorizonte 92
Planungsprozesse 87
Poor Dogs 95
Portfolioanalyse 51, 94
Potentialanalyse 41, 85, 102, 135
Präsentationstechniken 145
Primacy-Effekt 129
Problemanalyse 65, 109
Produktlebenszyklus 51, 93
Profit-Center 62
Projekt 39, 141
Projektionsfehler 130
Projektmanagement 74, 114
Projektplanung 115
Pygmalion-Phänomen 130
Qualitätsmanagement 55
Question Marks 52, 95
Rangordnungsverfahren 129
Recency-Effekt 129
Rentabilität 66
Selbstmanagement 108
shareholder 47
Sicherheitsmanagement 57
SMART-Formel 49, 89
Spartenorganisation 62
Stabliniensystem 61
stakeholder 47
Stars 52, 95
Statistik 65
Stellen
 Ausschreibung 79
 Beschreibung 60
 Besetzung 35
 Kompetenzen 59
Stellenbeschreibungen 101
Strategische Geschäftseinheit 95

151

SWOT-Analyse 52, 92
Szenario-Techniken 64
Teamarbeit 74
Tendenzfehler 130
Thun
  ‚von 116
top down 52
Trainee 103, 135
Training 84, 101
Transaktionsanalyse 116
Umweltmanagement 56
Unternehmensführung 47
Unternehmensleitbild 47

Unterweisung 139
Verbundausbildung 136
Vergleichsrechnungen 96
Verkaufsgespräche 119
von-Thun 126
Wissensmanagement 105
Zeitmanagement 108
Zentralisierung 59
Zielarten 89
Zielbeziehungen 49, 90
Zielsystem 88
Zielvereinbarung 68